vivienda social y ciudad

DESAFÍOS PARA LA ENSEÑANZA DEL PROYECTO

Pablo Benetti

Benetti, Pablo
    Vivienda social y ciudad : desafíos para la enseñanza del proyecto . - 1a ed. - Buenos Aires : Diseño, 2013.
    104 p. : il. ; 23x16 cm.

    Traducido por: j m davidson
    ISBN 978-987-29499-6-9

    1. Arquitectura. 2. Viviendas. I. davidson, j m, trad. II. Título
    CDD 728

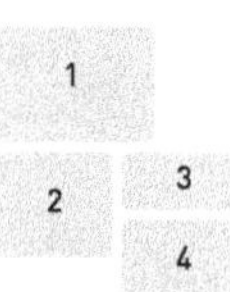

TRADUCCIÓN
Jorge Davidson

TAPA Y DISEÑO GRÁFICO
Luciana Gobbo

ARMADO EN ARGENTINA
Liliana Foguelman

FOTOS DA PORTADA

1. Pedregulho. Arquitecto Afonso Eduardo Reidy, 1946.

2. Proyecto Cafundá. Sergio Ferraz Magalhães e equipe 1977.

3. Concurso Habitação para todos: Arquitectos Lucas Fehr, Mario Figueroa y Daniel Bonilla. San Pablo, 2010.

4. Proyecto Parque Boa Esperança, Pablo Benetti y Marco Antonio Pereira da Silva. Caju, 1995

vivienda social y ciudad

DESAFÍOS PARA LA ENSEÑANZA DEL PROYECTO

Pablo Benetti

Sumário

PRESENTACIÓN

Este texto sirvió de base para mi conferencia en el concurso de Profesor Titular para el Departamento de Proyectos de la Facultad de Arquitectura de la Universidad Federal de Rio de Janeiro, realizado en agosto de 2011.

Su publicación responde al pedido de numerosos colegas que presenciaron las conferencias de los tres profesores que competían por el cargo y a la necesidad de debatir cuestiones relacionadas a la enseñanza de proyecto en arquitectura y a la construcción de la ciudad.

Se trata de colocar en pauta una agenda para la enseñanza del proyecto que tenga como una de sus preocupaciones el proyecto de la vivienda social, como contenido principal Esto surge de la noción de que las universidades federales tienen una responsabilidad muy grande en la crítica, la denuncia y la propuesta de alternativas para la vivienda de los sectores populares de nuestro país.

En este sentido, hay dos intenciones planteadas en el texto. Por una parte, llamar la atención hacia la centralidad del tema vivienda social en la sociedad y en la universidad y, por otra, alertar sobre la coyuntura actual de importantes recursos y propuestas no tan significativas.

La ciudad a merced de las iniciativas privadas del mercado no hace otra cosa sino reafirmar la lógica excluyente actual; la intervención del estado en el sentido de regular esta ciudad, haciéndola más justa y equilibrada, solo entrará en la pauta política por medio de la presión social. En tal sentido, este texto busca proporcionar argumentos para esta organización.

Por supuesto, este texto no pretende ser neutro, sino que desde el conocimiento técnico aborda cuestiones políticas que, en la modesta opinión de su autor, tendrían que formar parte de la agenda de una universidad federal comprometida con la construcción de una sociedad más justa.

Los efectos de las políticas habitacionales tardan por lo menos veinte años en mostrar sus efectos positivos o negativos. Desafortunadamente, constatamos que las políticas actuales revelan una peligrosa repetición de errores pasados; experiencias que ya fueron suficientemente evaluadas y criticadas se utilizan hoy con resultados previsibles de construcción de nuevas formas de exclusión social en el futuro.

Para los sectores populares, la vivienda nunca tuvo ni tendrá el mismo significado que para los demás sectores sociales. El evidente papel que representa para la mejoría social puede estar siendo descuidado por las políticas actuales, que se preocupan por suministrar el objeto (la vivienda) sin pensar en la oferta de ciudad que la debe acompañar.

Al mismo tiempo, nos encontramos en este principio del siglo XXI con una ciudad cada vez más desregulada, fruto de la corriente neoliberal de predominio absoluto del mercado, que tuvo como resultado inmediato la construcción de islas urbanas autosuficientes, aisladas entre sí, que configuran una situación clara de urbanidad amenazada.

La cantidad de recursos invertidos en la vivienda, si fueran bien utilizados, podrían contribuir para revertir la situación anterior al ofrecer a las áreas urbanas una mejor calidad de vida, no solo para los nuevos habitantes, sino también para los antiguos. Por eso, asociar la inversión en vivienda con la revitalización urbana no parece en absoluto exagerado sino, al contrario, se presenta como un camino posible y necesario.

Recurrir a la crítica y a la historia en este momento es fundamental, porque a partir de ambas se pueden ver trazos e inflexiones del pensamiento sobre la vivienda social que traen importantes aportes para pensar el presente. Es obvio que no se trata de una historia exhaustiva y que, según piensan algunos colegas, le pueden faltar ejemplos importantes, pero toda elección conlleva este riesgo.

Buscamos estructurar, en el corto espacio de una hora de conferencia, ejemplos de proyectos paradigmáticos capaces de mostrar algunas de las principales modificaciones en la manera de pensar la vivienda social. En la parte final, la mención de los buenos ejemplos posibles dentro de los lineamientos del programa Minha Casa Minha Vida (Mi Casa Mi Vida) sirve como un incentivo para pensar las cuestiones planteadas como desafíos para las universidades federales.

Agradezco a los colegas Elizabeth Martins, Gabriel Nogueira Duarte, Mauro Santos, Mauro Neves Nogueira, Maria Lucia Pecly, Roberto Segre, Luis Fernando Janot, Ligia Tammela y Márcia Mendonça por los debates y contribuciones para el montaje de esta conferencia.

Ciudad y vivienda: las incógnitas del siglo XXI

"La ciudad es como una casa grande; y la casa es como una ciudad pequeña."
Leon Battista Alberti, De Re Aedificatoria (1443)

Cuando Marc-Antoine Laugier puso en la tapa de su Essai sur l´architecture (1753) a la diosa Arquitectura señalando con su mano una rústica cabaña primitiva, destacaba la importancia de la vivienda en la evolución de la arquitectura desde el inicio de la civilización, en particular en la Antigüedad Clásica. Alberti comprendió cómo la malla formada por el sistema habitacional establecía la dinámica de la forma urbana. O sea, la casa debía integrarse indisolublemente con la ciudad, como expresión de la necesaria relación entre individuo y sociedad. Hasta la primera mitad del siglo XX no se imaginaba la existencia de la familia, la mínima célula social, sin la casa, que representaba la indispensable protección de la vida privada contra la adversidad de la naturaleza y los peligros del mundo exterior y que, a su vez, era el ícono de los valores culturales que la identificaba en los diferentes períodos históricos, un tema bien documentado por Gaston Bachelard. Sin embargo, las transformaciones sociales y económicas ocurridas después de la Segunda Guerra Mundial y el surgimiento y desarrollo de los países del Tercer Mundo en América Latina, África y Asia, crearon un hiato entre la casa y el individuo. Con el aumento acelerado de la población del planeta, en particular de los grupos de escasos recursos –que hoy representan 1/3 de los siete mil millones de habitantes del mundo–, los conflictos políticos, raciales, religiosos y las sucesivas catástrofes naturales produjeron la existencia de una población significativa sin vivienda o asentada en urbanizaciones precarias, provisorias y marginales. Son los millones de habitantes que viven en las periferias de América Latina,

África y Asia; son los palestinos y sirios obligados a emigrar a los países vecinos, sobreviviendo en campamentos inhumanos e superpoblados; son las víctimas del huracán Katrina, en New Orleans; las del terremoto de Haití y las del tsunami de Japón, en 2011. Y la pérdida de la casa no es un atributo exclusivamente de los grupos más pobres, también afectó a la clase media de los Estados Unidos: millones de personas tuvieron que abandonar su home, sweet home, el paradigma de la casa individual del ilusorio american way of life bajo la presión de la crisis económica generada por la reciente burbuja inmobiliaria en ese país.

El tema de la vivienda fue esencial en la arquitectura del siglo XX, como bien lo demuestra Pablo Benetti en este polémico libro. Todos los maestros del Movimiento Moderno se preocuparon por imaginar soluciones apropiadas, tanto técnica como estéticamente, de la célula habitacional mínima en respuesta a las necesidades crecientes de la población urbana. Desde el siglo XIX se observó que la casa individual no era un camino válido para la solución de la vivienda popular: ya los socialistas utópicos Fourier y Godin elaboraron proyectos de bloques residenciales que facilitarían la convivencia social de los habitantes. Los conjuntos habitacionales formados por láminas y torres definieron los paradigmas de los asentamientos habitacionales europeos que caracterizaron al Movimiento Moderno en los años treinta en las soluciones obtenidas en Alemania y Holanda, además de los proyectos utópicos de Le Corbusier y Ludwig Hilberseimer. Y en el régimen socialista de la Unión Soviética, las ideas renovadoras sobre las tipologías formales tuvieron también un particular contenido social en la creación del modelo de «casa comuna», donde el espacio privado de la célula se reducía al mínimo y se multiplicaba el espacio social y comunitario de convivencia de los habitantes. La preocupación por la vida de la comunidad y el significado de los espacio públicos privilegió, sobre las preocupaciones estéticas y funcionales de los edificios, las soluciones obtenidas en los años sesenta por los profesionales del Team 10. Estas propuestas abrieron el camino con las innovadoras soluciones urbanísticas concretizadas en la IBA de Berlín, en los años 80, y en los recientes proyectos de la vanguardia holandesa, en este inicio del siglo XXI.

En América Latina, el tema de la vivienda social fue prioritario a lo largo del siglo XX en los debates políticos y en la ejecución de iniciativas por parte del «Estado de Bienestar» que, en algunos países como México, Chile, Brasil,

Argentina y Venezuela, se mantuvieron hasta los años ochenta. Así surgieron conjuntos habitacionales que asumieron las experiencias europeas y las aplicaron en alternativas creativas, en una escala inimaginable en Europa. Fueron promovidos tanto por gobiernos democráticos como por las dictaduras militares: recordemos los bloques del barrio 23 de Enero en Caracas, de Raúl Villanueva; el conjunto Tlatelolco-Nonoalco, en la Ciudad de México, de Mario Pani; las urbanizaciones suburbanas en Buenos Aires –Ciudadela I-II, Villa Soldati– de Jorge Goldemberg; la Unidad de Vecindario de la Habana del Este, al principio de la Revolución en Cuba; y en los años setenta, en Chile, los proyectos de barrios para población de bajos ingresos ejecutados por el gobierno de la Unidad Popular de Salvador Allende. En Brasil, el gobierno de Getúlio Vargas otorgó particular importancia al tema de la vivienda popular, pero con soluciones rígidas que reflejaban la influencia de los principios arquitectónicos y urbanísticos del CIAM. El cambio de paradigma se produjo cuando Affonso Eduardo Reidy y Carmen Portinho realizaron la original solución de Pedregulho, en Rio de Janeiro, en 1948, transformada en un modelo de validez universal. Allí se logró la integración entre calidad de la arquitectura, particularidad del lugar, valorización de la vida comunitaria y creación de servicios sociales, que tuvo continuidad en los años ochenta en la capital carioca en el conjunto de Cafundá, de Sérgio Magalhães. Estas experiencias constituyeron ejemplos aislados en un contexto constructivo en el que, desde los años sesenta, predominaron soluciones esquemáticas y sin calidad de dibujo que caracterizaron las obras de la dictadura militar a través de proyectos realizados por el BNH con el apoyo de la Alianza para el Progreso del gobierno estadounidense. La escualidez, la precariedad y la frialdad de Cidade de Deus o la repetición infinita de casas pequeñas de la Vila Kennedy constituyen hasta hoy un testimonio de la ausencia en el proyecto de la voluntad y los deseos de los habitantes.

Después de un recorrido por las contribuciones alcanzadas en las soluciones de vivienda popular en Brasil y en el mundo, Benetti aborda con profundidad la situación actual de esta problemática en la realidad brasileña del siglo XXI. Y, sin duda, esta es la parte más importante del libro. Porque no se trata de un análisis teórico o académico, sino de la decantación de una propia experiencia personal. Desde el inicio de su carrera profesional en la ciudad de Rosario, Argentina, estuvo comprometido con los programas elaborados por la municipalidad de la ciudad. Al establecerse en Rio de Janeiro, tuvo la oportunidad de participar en los años noventa de los programas de la municipalidad Favela Bairro y Rio Cidade que, bajo la dirección de Luiz Paulo Conde y Sergio Magalhães, buscaron mejorar la imagen anónima de algunos barrios de la ciudad, revitalizar el área central y transformar las precarias condiciones urbanísticas de las favelas. Y en los múltiples proyectos realizados –Ladeira dos Funcionários, Quinta do Caju, Parque Boa Esperança y Morro de São João, entre otros– experimentó las diversas tipologías habitacionales capaces de integrar las nuevas construcciones en la transformación del espacio público de las favelas. Pero, al mismo tiempo, su integración como profesor de la Facultad de Arquitectura y Urbanismo (FAU) de la Universidad Federal de Rio de Janeiro le permitió aplicar sus experiencias tanto en las formulaciones teóricas desarrolladas en los cursos que dio, como en la práctica de la enseñanza de Proyecto en los ateliers de dibujo urbano y arquitectónico. Cuando tuvo la oportunidad de ocupar el cargo de director de la FAU fue un entusiasta promotor de la relación creativa entre disciplinas disímiles en el Atelier Integrado y en la elaboración de investigaciones y proyectos sobre los temas de la urbanización alternativa suburbana y la vivienda popular. Así, trabajando en equipo con otros profesores de la FAU, trató de orientar las preocupaciones de los alumnos hacia los graves problemas existentes en Rio de Janeiro, sacándolos de la formación teórica abstracta y elitista que tradicionalmente caracterizó la enseñanza en la facultad carioca.

Basado en la decantación de esa trilogía –enseñanza, teoría y práctica–, Benetti expresa su angustia y decepción al verificar que los ambiciosos planes habitacionales del gobierno actual (ENHIS, PAC, Minha Casa Minha Vida) no se corresponden con los deseos y las aspiraciones de los arquitectos de elaborar soluciones tipológicas renovadoras que no solo tengan un valor estético, sino que estén basadas en las necesidades materiales y espirituales de la población de bajos ingresos. Así, Benetti desarrolla una dura crítica a los proyectos recientes que continúan repitiendo los errores del pasado: las tipologías obsoletas y sin calidad, la tradicional casa individual, anónima y repetida, tanto en el proyecto de los edificios como en las estructuras urbanas, condicionados por los intereses de las grandes empresas constructoras y por las relaciones impuestas entre el menor costo y el mayor beneficio de la inversión, en lugar de responder a un equilibrio entre construcción económica, calidad estética y valorización del espacio urbano. En los análisis sobre las contradicciones existentes en los proyectos de vivienda popular, detalla cinco puntos esenciales en la interpretación de la realidad actual, en particular sobre la «urbanidad amenazada» por la dura especulación inmobiliaria y la inescrupulosa libertad de la iniciativa privada, ajena a los deseos y aspiraciones de la comunidad. Esta situación es sorprendente en Rio de Janeiro, con la perspectiva de grandes eventos internacionales que se aproximan esta década, que deberían tener una repercusión en la mejora de la calidad de vida de la población y no limitarse a los proyectos escenográficos cuando, tanto en Brasil como en América Latina, con la significativa difusión de los proyectos del chileno Alejandro Aravena, existen propuestas alternativas de buena calidad en el diseño, también basadas en el diálogo y en la participación de la comunidad en las decisiones de los proyectos.

Con seguridad, este libro es imprescindible, no solo para los profesionales comprometidos con una arquitectura y un urbanismo de calidad que ayuden a resolver los angustiantes problemas sociales, sino también para los universitarios que necesitan profundizar, además de la formación técnica, teórica y estética, principalmente en los valores éticos y morales que deben aplicarse, una vez graduados, en la práctica cotidiana.

INTRODUCCIÓN

Cualquier tema de arquitectura es un pretexto para hablar de arquitectura: de todas las arquitecturas posibles elegimos la vivienda social para hablar de arquitectura y de la ciudad.

La elección de la vivienda social implica la opción de llamar la atención hacia una de las áreas más difíciles de nuestra asignatura y, al mismo tiempo, menos glamorosas.

La mayor parte de las revistas de arquitectura dedican páginas y más páginas a mostrar los íconos urbanos, modernos monumentos que alimentan el star system de la arquitectura contemporánea.

Son objetos singulares que se han producido en contextos singulares, generalmente en contextos de inversiones importantes y simbólicamente asociados a alguna forma de poder. Estos objetos singulares con frecuencia condenan a sus autores a repetirse ad infinitum, como una franquicia moderna de sí mismos.

Estamos en una época que se caracteriza por los íconos y monumentos, cuya máxima expresión es Dubái, un paisaje en el que aparece una novedad por día, lo que anula el propio efecto de novedad (Kollhas, Canadian Center of Arts, 08/06 2007).

Pero también, y finalmente, los objetos singulares no siempre, ni con frecuencia, implican cambios de conceptualización teórica en la forma de hacer arquitectura.

Son objetos efímeros con un plazo de validez determinado, copiables y reproducibles. Como afirma Wim Wenders, en un mundo dominado por las imágenes y por la facilidad de su reproducción, el valor de las imágenes está en la historia que cuentan.

> "Tirei a lição dos meus erros: a única maneira de se proteger do perigo ou da doença que representa uma imagem auto-satisfeita é acreditar no primado da história. Aprendi que cada imagem só é verossímil em relação a um personagem no interior de uma história."[1] **(Wenders,1994)**

---

[1] *"Aprendí de mis errores: la única forma de protegerse del peligro o de la enfermedad que representa una imagen autosatisfecha es creer en el primado de la historia. Aprendí que cada imagen solo es verosímil con relación a un personaje anterior de una historia".*

Y la historia, en el caso de la vivienda social, se relaciona directamente con el cuidado en el proceso de gestación, en la elección correcta de los destinatarios y su participación en la elaboración de los programas y conceptos.

El proyecto de vivienda social es, sin duda, uno de los más difíciles debido a que cualquier gesto presupone un control muy grande de costos, una racionalización extrema que, lamentablemente, en ciertos momentos de la historia se traduce en una pobreza de propuestas muy grave. Muchas veces en nuestra historia la vivienda para los pobres se entendió, de hecho, como vivienda pobre, pobre de ideas y de baja calidad.

Maria Alice Junqueira Bastos y Ruth Verde Zein, aunque reconocen la existencia de algunos ejemplos dignos de mérito, alertan sobre la carencia de una cultura de proyectos de vivienda social y sobre la ausencia de esta temática en las aulas universitarias:

"Assim, e infelizmente (...) o tema da habitação popular, ou social, permanece estagnado em um mar de frustrações, de tentativas interrompidas, de descasos absurdos(...) Com tal ausência de bons exemplos, não admira que nossa 'cultura de projeto' no tema habitação social permaneça antiquada e imatura."[2] **(BASTOS; ZEIN, 2010, p. 304)**

Hoy, a pesar de haber subsidios y recursos significativos para la vivienda, son escasas las ocasiones en las que encontramos calidad en estos objetos. Al invitar a los presentes a que reflexionen sobre estas cuestiones, queremos sin duda movilizar, conquistar adeptos y afirmar este tema como emblemático para las preocupaciones que una Universidad Federal debe tener en su programa.

Nuestros futuros profesionales tienen por delante una situación única, con la que hemos soñado durante décadas, la de que exista un gobierno responsable que encara la vivienda como una oferta necesaria para el ascenso social de los sectores más pobres de este país e invierte recursos para ello.

Reconocer esto forma parte de la solución, pero los productos habitacionales recientes muestran que por más que sea necesaria esta condición, no

---

[2]   "Así, y lamentablemente (...) el tema de la vivienda popular, o social, permanece paralizado en un mar de frustraciones, de tentativas interrumpidas, de descuidos absurdos (...) Con tal ausencia de buenos ejemplos, no admira que nuestra 'cultura de proyecto' en el tema vivienda social permanezca anticuada e inmadura."

es en absoluto suficiente, o sea, todavía tenemos mucho que hacer, y discutir esta cuestión es fundamental para avanzar en la conceptualización de lo que significa una buena vivienda social.

A lo largo de los últimos sesenta años se pueden identificar algunas inflexiones en la práctica de Proyecto que tuvieron una repercusión directa en la enseñanza de la arquitectura. Todas ellas partieron de la crítica a la ciudad y muchas de ellas, específicamente, de la crítica a las formas de habitarla.

En la primera inflexión, los modernos -ante el desafío de albergar a la gran masa de población que llegaba a las ciudades– piensan en pequeñas unidades con servicios colectivos, en una construcción racionalizada y de bajo costo: es el rescate de la vivienda social como objeto de reflexión. Propone una nueva arquitectura para una nueva ciudad.

Para ilustrar ese momento, el ejemplo que elegimos es el conjunto de Pedregulho en Rio de Janeiro.

La segunda inflexión se construye sobre la crítica a los edificios altos y la pobreza espacial de las casitas suburbanas de la Alianza para el Progreso y de los conjuntos habitacionales de baja calidad financiados por el Banco Hipotecario Nacional (BHN). Conlleva una crítica al concepto de hombre universal al destacar las identidades culturales, así como la necesidad de construir unidades flexibles capaces de aceptar un crecimiento futuro, de baja altura y alta densidad. El ejemplo que elegimos es la experiencia de Previ-Lima, que contrapone a los bloques en altura sueltos en el territorio, unidades bajas y de alta densidad (BAAD).

La tercera inflexión muestra una retomada de los principios modernos en cuanto a la calidad de la vivienda, pero respetando las preexistencias ambientales apuesta en la posibilidad de combinar cualidades espaciales intermedias y viviendas en altura. El ejemplo que elegimos es el Conjunto de Cafundá, en Rio de Janeiro, que rescata el concepto de lugar y de la consideración de las preexistencias ambientales como un dato fundamental en la metodología de proyecto, al mismo tiempo que recupera la preocupación por varias cualidades espaciales, desde el espacio familiar hasta el de la ciudad.

La cuarta inflexión recupera gran parte de las críticas a los momentos anteriores y afirma nuevos principios, la superación del concepto de ciudad única modernista por el concepto de ciudad diversa, fruto de la acumulación de distintos tiempos en el tiempo de la ciudad. Por otro lado, parte del principio de la aceptación del deseo de los habitantes y de su libertad para definir la localización y el tipo de vivienda en la ciudad. Trae inmediatamente la aceptación de las formas populares de construir (favelas y loteos) como una de las soluciones posibles para la vivienda. La necesaria superación de la división funcionalista nos obliga a pensar en una ciudad multifuncional. Elegimos los ejemplos de Habi, de São Paulo, y Favela-Bairro, de Rio de Janeiro.

El quinto y último momento es el momento actual, marcado por la existencia de recursos significativos aliada a una ciudad desregulada. Este quinto momento presenta el desafío de construir viviendas en cantidad, aprovechando la oportunidad para realizar una mejoría concreta de la calidad de la ciudad. Al mismo tiempo, abre la posibilidad de pensar en el derecho a la ciudad y en la noción de ciudadanía integralmente ejercida sin ninguna forma de paternalismo o tutela en la elección de la vivienda.

Estos cinco momentos, asociados a inflexiones conceptuales en la manera de pensar la arquitectura, presentan varias cuestiones que desarrollaremos a lo largo del texto.

LOCALIZACIÓN EN LA CIUDAD: el lugar de los pobres en la ciudad
IMPLANTACIÓN: continuidad o ruptura con el tejido urbano
CUALIDADES del espacio, la casa, la calle, el barrio y la ciudad
FLEXIBILIDAD: la vivienda como albergue o unidad económica
SISTEMA CONSTRUCTIVO: racionalización, relación costo-tecnología

Este es el contenido de este texto, un recorrido por estos momentos y su aporte para la enseñanza de proyecto como medio de formular, al final, una agenda para debatir los desafíos que se nos presentan a nosotros, arquitectos y profesores, en la formación de nuestros alumnos.

Cada uno de estos momentos sirve como un hito para entender la relación entre historia, teoría y crítica arquitectónica y son fundamentales para evitar la simplificación del proyecto: el proyecto no es una receta ni un gesto alienado de la realidad social, de la realidad de las ciudades.

Un proceso de enseñanza responsable tiene que estimular el conocimiento de soluciones pasadas apoyado en una visión ideológica de mundo, en una teoría, pero también tiene que provocar constantemente una sensación de extrañeza y desconfianza con relación a las soluciones contemporáneas; ese es el papel de la crítica.

La crítica siempre se hace a partir de un lugar y surge de un sujeto con su carga histórica.

La ciudad, sin el conocimiento de los procesos y de la historia, aparece ante los ojos del lego como una serie de hechos sin nexo que dificultan la comprensión; no se puede criticar de manera consistente lo que se desconoce. Las grandes inflexiones en la teoría de la arquitectura que resultaron en aportes para pensar nuestro objeto de trabajo tuvieron un pie apoyado en la historia, en su negación, y el otro en los ideales.

Al formular la cuestión de esta manera, intentamos plantear el debate sobre qué ideales deben orientar la actuación en la vivienda social, cuáles son los desafíos que se presentan y qué propuestas en este campo podrían considerarse revolucionarias en la contemporaneidad.

La calidad de un proceso de enseñanza de proyecto depende menos de las respuestas listas que de la sofisticación de las preguntas que los alumnos logren plantear, lo que presupone el conocimiento de la historia para evitar que piensen que el mundo empieza con ellos, así como también para evitar volver sobre paradigmas que, de cierta forma, ya se han superado.

La experiencia Modernista

1.1 El conjunto Pedregulho, de Affonso Eduardo Reidy y Carmen Portinho.

1.2 La crisis de la simplificación modernista. Los conjuntos habitacionales financiados por el Banco Hipotecario Nacional (BHN) y por la Alianza para el Progreso. La pobreza conceptual posterior a los modernos.

Figura 1: Pedregulho. Piso de acceso. Arquitecto Afonso Eduardo Reidy, 1946. Acervo NPD-Fau-UFRJ.

1.

La experiencia Modernista

Los modernos criticaron la ciudad del siglo XIX, sus conjuntos urbanos, parafraseando -Le Corbusier – la *rue corridor* y la reproducción extensa de las casitas suburbanas. Y mucho más que eso, asocian la experiencia de proyecto a nuevas tecnologías y a un lenguaje que se libera del ornamento y de las tradiciones clásicas. Para los modernos la arquitectura nueva exigía una ciudad nueva.

Esta cuestión es muy relevante porque la arquitectura, de la mano de los modernos, hace un esfuerzo ideológico consistente en dirección a la sociedad de masas.

Su desafío inicial no era construir catedrales ni teatros, sino viviendas populares para la mayoría de la población. Esto se hace mucho más patente en los tres primeros años de CIAM (Congresos Internacionales de Arquitectura Moderna) y pierde fuerza en los posteriores. En las palabras de Bruno Taut:

"Hoje não temos nem a igreja, nem autocracia, nem feudalismo como criadores de estilo. Não são nem as catedrais nem os castelos que orientam a construção(...) A direção passou para outras mãos, as mãos daqueles que constroem os edifícios. É a massa de trabalhadores (...) sabemos que hoje pode estar na origem de uma boa arquitetura e não mais a revelação divina ou a graça de Deus. Hoje, só pode ser o trabalho."[1]
(*TAUT B., Neues Bauen, 1929. En: KOPP, 1990, p. 47*)

---

[1]   "Hoy ya no tenemos ni a la Iglesia, ni a la autocracia, ni al feudalismo como creadores de estilo. No son ni las catedrales ni los castillos los que orientan la construcción [...] La dirección pasó a otras manos, a las manos de quienes construyen los edificios. Es la masa de trabajadores [...] sabemos que hoy puede estar en el origen de una buena arquitectura y ya no la revelación divina o la gracia de Dios. Hoy, solo puede ser el trabajo."

1.1

El conjunto *Pedregulho*, de Affonso Eduardo Reidy y Carmen Portinho.

La arquitectura moderna encuentra en Brasil un campo fértil de desarrollo que lo pone a la vanguardia de los movimientos internacionales. Ese momento peculiar es tan importante en la historia de la disciplina que inevitablemente su legado vuelve a discutirse y resignificarse a cada momento.

El Conjunto de *Pedregulho*, localizado cerca del centro, próximo a la Av. Brasil – conexión metropolitana recién construida en aquella época- y vecino de *São Cristovão*, el principal barrio industrial de aquel momento, une cuestiones urbanas a una conformación arquitectónica inédita para la época.

Cuenta con una lavandería colectiva, con un ingenioso sistema de numeración de las prendas para preservar el anonimato, escuela, club con piscina y sala de primeros auxilios. Los departamentos se adjudican no por los ingresos familiares, sino por el tamaño de la familia, o sea, una verdadera innovación.

Espacialmente, la edificación principal se encuentra en una colina a la que se accede por una calle lateral; los peatones caminan por el medio del terreno sin tener que cruzarse con los coches. El Bloque serpenteante se ve desde la calle y el final del camino llega por atrás, donde un puente vincula la edificación con la meseta superior. Encontramos aquí un trayecto cuidado y elaborado en la secuencia – edificio-meseta-puente-edificio – en el que perspectivas cambiantes muestran el objeto como una escultura al principio y como una *promenade* al final.

Se accede por un piso libre, una circulación ondulada que a cada inflexión muestra una vista distinta y que por su forma reduce la aridez de una circulación recta y monótona de perspectiva centrada y única. Aprovechando con enorme racionalidad las cotas de nivel del terreno, algunos pisos se desarrollan hacia abajo y otros hacia arriba del nivel de acceso.

Figura 2: Pedregulho. Arquitecto Afonso Eduardo Reidy, 1946. Acervo NPD-Fau-UFRJ.

Figura 3: Pedregulho. Foto del conjunto, en primero plano la escuela. Arquitecto Afonso Eduardo Reidy, 1946. Acervo NPD-Fau-UFRJ.

La edificación está suelta del terreno, se apoya con elegancia y una interferencia mínima. Los apartamentos son dúplex, lo que ahorra circulaciones y costos.

Incluye todos los principios de la arquitectura moderna, pero colocados de manera particular: los *pilotis* en medio de la edificación, la estructura independiente, las paredes no estructurales y una forma que sigue la forma, no la función, de una manera simplista.

En este ejemplo tenemos condensada una gran parte de las preocupaciones que orientaron a los arquitectos modernos de la preguerra, desde tamaño mínimo de la vivienda a la cocina pensada sin aérea de servicio para forzar la viabilidad de la lavandería colectiva.

En 1927, la exposición de Stuttgart, bajo la coordinación de Mies Van der Rohe, trae por lo menos tres innovaciones significativas: la construcción de la cocina de Frankfurt, un proyecto de Margarete Shultze Lihotsky, del equipo de Ernst May; la construcción prefabricada montada en el lugar (que ya se había usado antes, en 1926) y la planta libre del proyecto de Mies.

Dos años después, en Frankfurt, en 1929, en el segundo congreso de CIAM – "La vivienda para el nivel mínimo de vida", una amplia investigación revela 105 proyectos de vivienda social compilados en un libro que circula por toda Europa, todos centrados en determinar cuál era el tamaño mínimo de la vivienda (BRUNA, 2010, p. 48).

Posteriormente, en el tercer congreso de Bruselas, en 1930, se discute la cuestión de la densidad-costo de la construcción, al reflexionar sobre el agrupamiento de casas bajas, edificios medianos y altos. Aquí se confirma una ruptura entre la vertiente alemana y holandesa y la vertiente francesa de Le Corbusier, que proponía edificios altos y edificaciones sueltas, que diferían de los bloques bajos y articulados construidos hasta ese momento, ya sea por la experiencia de Frankfurt, Berlín, Rotterdam o incluso de Viena.

La experiencia de los IAPs en Brasil, en sintonía con estas preocupaciones, recupera en gran parte el ideario de una construcción racionalizada con el objetivo de responder a la demanda de vivienda social. Los conjuntos de Realengo y Penha se destacan por la preocupación con la diversidad de soluciones, las tipologías constructivas y la inserción urbana, y recuperan una discusión interesante sobre los modelos y las soluciones en vivienda social.

Aunque encuadrados en el mismo movimiento moderno, las respuestas en el área de vivienda son bastante distintas. En algunos prima la repetición de bloques iguales y paralelos, anónimos y espacialmente pobres, mientras que en otros, como el *Pedregulho* de Reidy, lo que vemos es calidad, singularidad y experiencia estética.

Al mismo tiempo, podemos ver en el *Pedregulho* un concepto de vivir integral y popular que congrega en el mismo lugar la escuela, la sala de primeros auxilios, el mercado y el club con piscinas, sin duda condiciones inéditas para la mayor parte de los sectores populares del entonces Estado de Guanabara.

La solución de vivienda que en la misma época los sectores populares lograban hacer con sus propios recursos está a menos de 5 minutos de Pedregulho, en el cerro de Timbau. Allí, Doña Orosina ocupa desde 1936 el cerro que da origen a la favela de Maré, que perdura hasta nuestros días.

Sin embargo, desde el punto de vista de los costos, Pedregulho no era una solución viable para la gran mayoría de la población y creo que Reidy y Carmen tenían conciencia de eso. Lo que tenemos es un modelo, un objeto que hasta hoy sirve como referencia de calidad. Este será siempre un dilema que se les plantea a todos los que hacen viviendas sociales: ante la enorme carencia, hacer más viviendas, aunque sean de peor calidad, o hacer menos viviendas, pero de buena calidad.

1.2

La crisis de la simplificación modernista. Los conjuntos habitacionales financiados por el Banco Hipotecario Nacional (BHN) y por la Alianza para el Progreso. La pobreza conceptual posterior a los modernos.

Si *Pedregulho* prima por la calidad de sus espacios, por la riqueza de sus formas, por la correcta inserción urbana y por el programa revolucionario, lo que viene después es una colección de fracasos, viviendas que se construyeron siguiendo solo el principio de menor costo y gran escala. La asociación perversa entre la racionalización de la construcción, el menor costo y la prefabricación pesada, determina la búsqueda de terrenos de grandes dimensiones, naturalmente alejados de la malla urbana.

La otra alternativa para la vivienda son las casitas suburbanas financiadas por la Alianza para el Progreso y construidas en el marco de la mayor erradicación de poblaciones de favelas de nuestra historia. Esta opción refleja la discusión ideológica que asocia la pequeña propiedad urbana al mantenimiento de la familia y, en consecuencia, de la tradición y de la propiedad, como afirma Sandra Cavalcanti en las *"Memórias do Urbanismo Carioca."*

Figura 4: Vila Kennedy, 1965. Alianza para el Progreso. Acervo AGCRJ. Reproducción Marco Belandi. In: Capitulos da Memória do Urbanismo carioca. CPDOC/FGV, p. 87.

Figura 5: Conjunto Residencial Vila Guiomar. In: BONDUKI, Origens da habitação social no Brasil, p. 150.

27

"Eu achava e acho ainda,que não é a favela que tem de ser urbanizada.Quem tem que ser urbanizado é o favelado.Uma das condições para um favelado se urbanizar, para se desfavelizar, é sair daquela paisagem e daquele entorno." (CAVALCANTI, in FREIRE, 2002, p. 88)

"Yo pensaba y pienso todavía que nos es la favela La que tiene que ser urbanizada. Quien tiene que ser urbanizado es el favelado. Una de las condiciones para un favelado se urbanizar, para se desfavelizar, es salir de aquel paisaje y de aquel entorno." (CAVALCANTI, in FREIRE, 2002, p. 88)[2]

Estas casas, que estaban situadas muy lejos de la malla urbana consolidada, además de aumentar el costo de las ciudades, comprometieron gravemente la posibilidad de una mejoría social de las familias, porque eran lugares deshabitados, carentes de posibilidades de trabajo, de empleo, de cultura, de ocio y de educación. Tanto las localizaciones de los conjuntos como las de las casas suburbanas terminan provocando un cierto confinamiento de las poblaciones en función del alto costo de los transportes.

En América Latina, esta experiencia de erradicación de favelas le agrega al componente de la baja calidad de la vivienda ofrecida, el dato violento del proceso que muestra una total falta de consideración por los deseos de las personas que están involucradas en dicho proceso.

Sin duda, Reidy y sus colegas de la época criticaron con vehemencia las dos soluciones, o sea, a los modernos se les pueden imputar otras incomprensiones, pero esta indudablemente no, pues en ningún momento defienden la solución de la casa suburbana alejada ni tampoco los bloques de apartamentos sin calidad.

Lo que vemos es una apropiación utilitaria de los principios modernos, traducida en los conjuntos habitacionales en espacios intermedios sin calidad, lo que favorece el aumento de la violencia.

Los conjuntos habitacionales de la posguerra producen espacios sin ningún control y de baja calidad que motivan el debate de este tema en el Congreso

---

[2]   "Yo pensaba y pienso todavía que nos es la favela La que tiene que ser urbanizada. Quien tiene que ser urbanizado es el favelado. Una de las condiciones para un favelado se urbanizar, para se desfavelizar, es salir de aquel paisaje y de aquel entorno."

del CIAM de Oterloo, en 1959, donde se aborda la violencia en las ciudades industriales y la escisión entre arquitectura y urbanismo dentro del Movimiento Moderno (Barone, 2002, p. 77).

El relator de este congreso será Oscar Newman, que posteriormente, en 1972, publicará su libro *Defensible Spaces*, en el que alerta sobre la relación entre el espacio y la criminalidad. Newman es autor de proyectos habitacionales que privilegian *"uma graduação tipológica dos espaços publico-semi-público, semi-privado e privado." "A simples colocação lado de blocos paralelos estimula a apropriação indevida destes espaços e a baixa qualidade dos mesmos demonstrando a estreita relação entre criminalidade e espaço."*[3] (Rau, 2007, p. 318-319)

Vivienda y comunidad
los años sesenta

2.1. La arquitectura de la sensibilidad
    antropológica (Van Eyck). Team X
2.2. La propuesta de BAAD (Baja Altura Alta
    Densidad) (PREVI – LIMA)
2.3. Las propuestas de urbanización de favelas
    de Brás de Pina.

Figura 6: Previ Lima. Plazas
comunitarias. Foto del autor, 2011

2.1.

La arquitectura de la sensibilidad antropológica (Van Eyck). Team X.

Lo que ocurre después de esta exacerbación simplista de los principios modernos es una enorme crisis, que cala hondo en la propia estructura de la disciplina al cuestionar la capacidad de los arquitectos de proyectar y determinar el modo de vida de la gente. Los saberes arquitectónicos habituales se ponen en tela de juicio y la observación antropológica sirve como una alternativa.

La seguridad de que no existe un hombre universal hace surgir la diferencia y, junto a ella, surge también la humildad y la percepción sensible de Van Eyck que recorre África en busca de una densidad conceptual capaz de fundamentar la relación espacio-comunidad.

¿Qué es lo que busca Van Eyck en el África tribal?

La experiencia africana le revelará a Van Eyck la noción de una reunión de personas conectadas por lazos tribales y donde hay un sentido comunitario de vivir. La idea de lote, típica de la cultura europea, que separa el límite entre lo privado y lo público, no existe en el África tribal, en donde la apropiación del espacio ni siquiera reconoce la noción de propiedad en el sentido occidental. Este orden social inscribe en el espacio otras formas de apropiación.

Los estudios de la comunidad Dogón, en Mali, revelan la relación entre rituales y espacios; así como no existe un hombre universal, tampoco existe un espacio universal, sino culturalmente definido (Barone, 2002, p. 113).

En los conjuntos de baja calidad que suceden a los modernos, solo tenemos dos categorías de espacio: público y privado, ambos sin ninguna calidad de proyectos consistente. En contraposición a esta pobreza conceptual, los estudios de Van Eyck procuran llamar la atención hacia los espacios intermedios (*in between spaces*) y los del TEAM X, a la secuencia Casa-Calle-Barrio-Ciudad. En ambos casos nos encontramos con una mirada atenta hacia otras cualidades espaciales y vemos el reconocimiento de que las transiciones entre diversos espacios son fundamentales.

La profunda crisis que alcanza las certezas modernas se expresa en varias líneas de actuación. John Turner, en una visita a Río, dará la clásica definición: *"A favela me foi mostrada como um problema e, no entanto é a solução, os planos de erradicação eram citados como solução e são o problema,"*[4] que considera la arquitectura producida por los propios habitantes una solución eficaz. Al contrario de Lucio Costa, que afirma: *"excluída a consolidação das favelas todos os demais caminhos (casa popular, habitação coletiva,individual,etc.) são validos dependendo das circunstancias."*[5] (Nobre, 2010, p. 41)

Todavía en la línea de una escucha privilegiada, es importante destacar el aporte de Kevin Lynch, que construye una metodología basada en la observación en el libro La imagen de la ciudad.

Carlos Nelson Ferreira dos Santos y el equipo Quadra desarrollarán en Brás de Pina una metodología de proyecto creada en conjunto con los habitantes locales y que preveía la urbanización de la favela en el mismo lugar o su transformación en barrio. Los aportes de Jane Jacobs y Bill Hillier ayudan a entender esa postura (Capítulos da Memória do urbanismo carioca, 2002, p. 106).

Para Carlos Nelson y su equipo, está implícita la aceptación del derecho a la vivienda de los ocupantes de las favelas, y reconocen en esto la legitimidad de permanecer en el lugar elegido, aunque se tengan que hacer reformas urbanas. Es un punto de vista diametralmente opuesto a la política de erradicaciones de la época.

Son posturas que, llevadas al límite, nos hacen cuestionar el quehacer profesional y la propia necesidad de la existencia de los arquitectos. Una segunda línea de actuación, menos radical, pero igualmente crítica con relación a los

---

[4]   "Me mostraron la favela como un problema y, sin embargo, es la solución, los planes de erradicación eran citados como solución y son el problema."

[5]   "excluida la consolidación de las favelas todos los demás caminos (casa popular, vivienda colectiva, individual, etc.) son válidos dependiendo de las circunstancias."

modernos, intentará contraponer al modelo habitacional moderno nuevas propuestas que consideren baja altura, alta densidad (BAAD) y la existencia de espacios intermedios. La experiencia del Previ-Lima se encuadra en esta idea.

scales of association

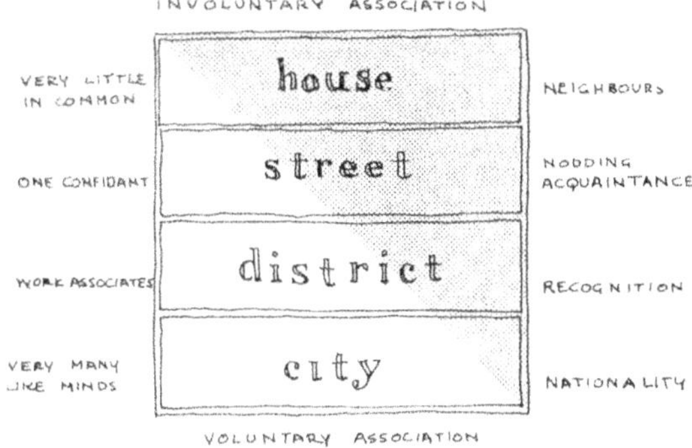

Figura 7: Escalas de asociación. CIAM 10. Dubrovnik, 1956. Allison e Peter Smithson, in TEAM 10, In search of a utopia of the present, 1953-81. Edited by Max Risselada and Dirk van den Heuvel. Nai publishers, Rotterdam, p. 52.

2.2.

La propuesta de BAAD (Baja Altura Alta Densidad) (PREVI – LIMA)

La experiencia de Previ-Lima es paradigmática porque congrega en la Lima de 1966 a trece de los arquitectos más reconocidos internacionalmente en aquella época y a trece colegas peruanos para pensar en la vivienda social:

José Luiz Iñiquez de Osoño y Antonio Vázquez de Castro (España)
James Stirling (Reino Unido)
Anatole du Fresne y Alfredo Pini, del Atelier 5 (Suiza)
Toivo Korhhonen (Finlandia)
German Samper (Colombia)
Fumihiko Maki y Kionore Kikutake (Japón)
Charles Correa (India)
Aldo Van Eyck (Holanda)
Herbert Ohl (Alemania)
Knud Svensons (Dinamarca)
Christopher Alexander (EE. UU.)
Oskar Hanson, Svein Hartloy (Polonia)
Alexis Josics (Candilis, Josic, Woods) (Francia)

Según Peter Lund, consultor de la ONU para ese concurso, la experiencia del Previ se basaba en los siguientes principios:

"El nuevo barrio PP1 de PREVI era experimental en los siguientes aspectos:
Un barrio y un proyecto basado en un concepto de baja altura y alta densidad
(BAAD), un módulo y un modelo para la futura expansión urbana.

Figura 8: Previ Lima. Foto del conjunto, Wilder Ferrer, Lab Hab, FAU –UFRJ.

Figura 9: Previ Lima, 2011. Plazas comunitarias. Foto del autor.

Una idea de casa con patio que podía crecer.

Configuraciones de casas en clusters (racimos) dentro del plan general del barrio.

Un barrio con un entorno totalmente peatonal y a escala humana.

Mejores y nuevos métodos de construcción sismorresistentes.

Un plan general de arquitectura paisajística del barrio." (LUND, en: *HUIDOBRO*, 2008, p. 12)

Si consideramos las premisas del TEAM X que preveían la relación entre los espacios de la casa-calle-barrio y ciudad, el proyecto de PREVI logra responder satisfactoriamente a las tres primeras, pero falla en la localización junto a la autopista Panamericana, en un lugar alejado de la ciudad consolidada.

Charles Correa, al hacer un balance de esta experiencia, afirma:

"(...) ya desde inicios del siglo XX los arquitectos se habían implicado en la vivienda social. Fue el motor que hizo funcionar al movimiento moderno, el que desencadenó las preocupaciones- y la imaginación – de Walter Gropius, Le Corbusier y otros. ¿Por qué? Porque entendieron la excepcional relación entre vivienda y arquitectura.(…)

Pero la década de 60 era diferente. Estaba Jane Jacobs y su análisis maravillosamente perceptivo de las ventajas decisivas de los barrios densos de baja altura de North End de Boston. Estaba la obra innovadora de las new towns inglesas de sir Leslie Martin y del Greater London Council (GLC) que estudiaron la correlación real entre la altura de los edificios y la densidad y sus variaciones según el contexto: en el propio solar, a nivel del barrio y a escala de la ciudad. Estaban Allison y Peter Smithson y otra gente enseñando los temas de vivienda en la Architectural Association de Londres.

Todo ello cayó bajo el epígrafe de 'vivienda de baja altura y alta densidad' (BAAD) y todo esto entró en PREVI." (CORREA, en: HUIDOBRO et alli,2008, p. 150)

De una forma resumida, estas eran las referencias conceptuales y las preocupaciones que orientaban el proyecto de vivienda social en PREVI-Lima.

El modelo que surge en Previ Lima es el opuesto al de los conjuntos de viviendas anteriores y, así como el proyecto de Moshe Safdie en Habitat 67 – Montreal, crea nuevos espacios y es una tentativa firme de apropiación y control al nivel de la calle contrapuesta a la indefinición anterior.

"A diferencia de otros tipos y esquemas urbanos, en el barrio de PREVI existe una estrecha relación entre la unidad urbana- la plaza- y la unidad social – la comunidad capaz de organizarse. Según su tamaño cada plaza servía a entre 6 y 18 viviendas en una relación que promueve la apropiación colectiva y el cuidado y mantenimiento del espacio público." (HUIDOBRO et alli, 2008, p. 59)

Este sistema de plazas se hilvana por caminos de peatones que cruzan la manzana dejando el tráfico de los coches y los estacionamientos localizados en la periferia del conjunto.

"El proyecto de PREVI fue perfectamente cronometrado para servir como modelo en Perú, sino en todos los países de Sudamérica y también en África y Asia.

(…) tener acceso a un espacio a cielo abierto es una increíble ventaja, puesto que un patio o una terraza es el verdadero espacio libre disponible (…) Estas son pautas atemporales de la vivienda que permiten que el reino de lo privado, de lo semi privado y de lo público formen un continuum sin costura de espacios abiertos y cerrados; de este modo, sirven para aumentar la superficie utilizable disponible para cada familia y, al mismo tiempo, refuerzan también la interacción comunitaria." (CORREA, in *HUIDOBRO*, 2008, p. 151)

El modo atemporal de construir es el subtítulo del libro "A Pattern Languague", un aporte de Christopher Alexander que se basa en la idea de que, al contrario de la ciudad-árbol moderna y su separación funcional, la ciudad histórica con su mezcla (semitrama) tiene las claves para alcanzar una calidad espacial ausente en los conjuntos habitacionales modernos. Su libro, un bello inventario de soluciones espaciales, llama la atención hacia estas cuestiones que seguramente están en la base del PREVI-Lima, o sea, construir en aquel momento era mirar hacia las soluciones históricas y populares y aprender alguna lección de ellas.

¿Qué es lo que el PREVI no logra prever?

En este proyecto hay una tentativa de recuperación de la cultura local de construir, pero por otro lado vemos claramente la vuelta de categorías espaciales ausentes en los conjuntos modernistas de la segunda fase.

El intento de dar flexibilidad a las construcciones también merece destaque, aunque la mejor de las propuestas no lograra nunca contemplar la enorme creatividad y las necesidades de un pueblo que, por falta de otras condiciones, termina por construir y verticalizar en el mismo lugar.

Como tantas otras experiencias en Brasil, la vivienda originalmente pensada para un grupo familiar termina acogiendo a la familia ampliada y otras actividades comerciales y productivas que contribuyen con la reproducción familiar, por lo que se verticalizan, aumentando la densidad y acarreando una pérdida de calidad espacial evidente. Nada de eso ocurriría si el acceso a la tierra urbanizada fuera más fácil.

Por otro lado, para estos grupos de ingresos, la vivienda es la oportunidad de integrarse en la ciudad. En un mercado de trabajo formal limitado, la reproducción familiar, difícilmente se da por la participación en la forma de un empleo, ya que predominan distintas formas de trabajo con mayor o menor autonomía. En este contexto, la casa desempeña un papel fundamental que posibilita la inserción en otras actividades productivas esenciales para la reproducción familiar.

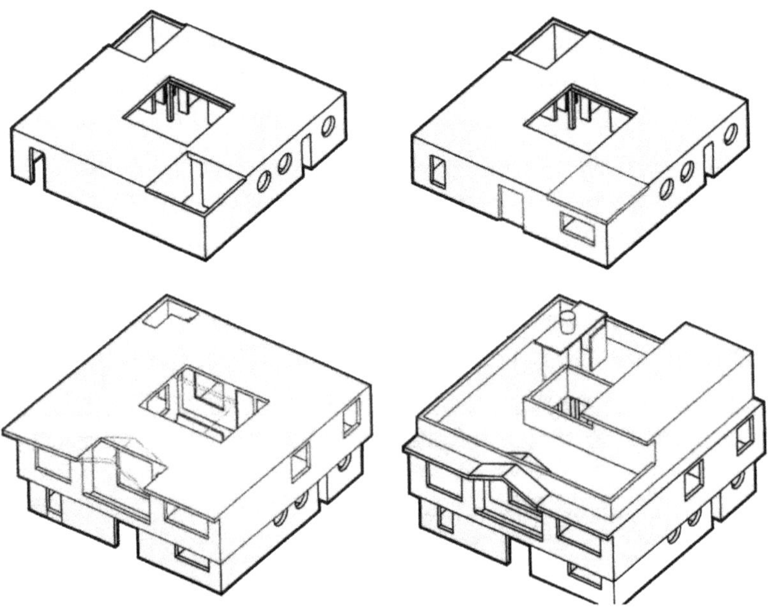

Figura 10: Conjunto habitacional Previ-Lima, 1976. Proyecto de James Stirling. In: HUIDOBRO ET ALLI, 2008, p. 72..

La presencia de estos usos (comercio, escuelas, clínicas, etc.) muestra que el concepto de vivienda es distinto para estos sectores populares que para los sectores medios. Para esta última, la vivienda significa solo el abrigo, mientras que para los sectores populares es el abrigo, pero también una unidad económica.

Ninguna de estas modificaciones tuvo un apoyo técnico institucional, o sea, en su gran mayoría las hicieron los mismos habitantes con su propio saber. Resaltamos que el resultado final del Previ actual fue quedar parecido a todos los barrios populares de su entorno: no se lo puede distinguir de los demás, aunque una mirada más atenta podrá reconocer la importancia de las pequeñas plazas y la calidad ambiental del conjunto que se mantiene incluso después de tantos agregados.

Figura 11: Conjunto habitacional Previ-Lima, 1976. In: HUIDOBRO ET ALLI, 2008, p. 50.

Las modificaciones posteriores del Previ-Lima muestran la adaptación del lenguaje austero moderno de la mayoría de los proyectos originales con la introducción de valores seudohistóricos, como los tejados, ventanas y otros elementos de la cultura popular. Es casi imposible reconocer los trazos originales en la actualidad, lo que señala una tensión entre la arquitectura erudita y la popular.

Es inevitable aprovechar la oportunidad para recordar la importancia histórica de la aprobación en Brasil de la Ley 11888, de 2008, que prevé la asistencia técnica de arquitectos e ingenieros en las construcciones domiciliarias para familias de bajos ingresos. Indudablemente una ley como esta permitirá en el futuro que se hagan con más cuidado las expansiones.

Figura 12: Arq. Carlos Nelson Ferreira dos Santos, década de 1980. In: Capítulos da memória do urbanismo Carioca, 2002, p. 104. Acervo personal de Isabel Cristina Eiras.

2.2.

Las propuestas de urbanización de favelas de Brás de Pina.

En la década de 1960, Brás de Pina puso a Brasil como un ejemplo del tratamiento de las cuestiones relacionadas con las favelas. En lugar de la política de erradicación violenta, se intentó el reasentamiento en el mismo lugar con una definición de modelos habitacionales que incluyesen la participación de los usuarios. Se trata de una de las primeras experiencias participativas dirigidas por Carlos Nelson Ferreira dos Santos y el grupo Quadra durante el gobierno de Negrão de Lima, en el Estado de Guanabara, contratados por la Codesco (Compañía de Desarrollo de la Comunidad).

La importancia de esta experiencia está más vinculada a una metodología de intervención y al gesto que al proyecto en sí. El gesto implica el reconocimiento de que esos habitantes son ciudadanos brasileños y son objeto de políticas respetuosas de las opciones de vivienda que ellos mismos pudieron programar en la ciudad. Al mismo tiempo, hay un reconocimiento del saber popular en el arte de edificar la ciudad.

Desde el punto de vista metodológico, es interesante constatar el surgimiento de procesos que privilegian la observación de la organización local y la participación como elementos que definen el proyecto.

Esta experiencia de rehacer la vivienda de los habitantes de la favela en el mismo lugar y con participación popular plantea una tensión conceptual entre proceso y resultado. Muchas veces, cuando se la radicaliza al extremo, la opción procesual retira el conocimiento específico del arquitecto. Al mismo tiempo, la opción por el resultado es considerada en muchas ocasiones como una imposición autoritaria que no considera la variante temporal, el crecimiento progresivo de las edificaciones y su modificación para servir como base para la reproducción familiar.

3.

La revalorización de las preexistencias ambientales

3.1. El Proyecto Núcleo Habitacional Inocoop-Cafundá. La relectura de los modernos, alta densidad y espacios intermedios.

Figura 13: Proyecto Cafundá. Maqueta de los autores. Sergio Ferraz Magalhães, Ana Luiza Petrik Magalhães, Silvia Pozzana de Barros y Clovis Silvestre de Barros, con Rui Rocha Veloso como arquitecto asociado, 1977. Fotos Celso Brando. Revista projeto No. 32, 1980

3.1.

El Proyecto Núcleo Habitacional Inocoop-Cafundá. La relectura de los modernos, alta densidad y espacios intermedios.

"A equipe assume portanto como premissa conceitual o benefício da alta densidade convenientemente distribuída, viabilizando serviços e incrementado as relações sociais(...)." Não entendemos o habitat apenas como "residência": ao contrario, justamente nos o consideramos como a correta vinculação entre todos estes elementos urbanos que conduzem ao incremento das atividades sociais. É residência, mas é também transporte, escola, creche, comércio, clube, infra-estrutura. Integrados, participantes uns dos outros."[6] **(Magalhães, Petrik, Pozzana, Barros, Veloso in PROJETO, Nº32, p. 66, 1980)**

---

[6] "El equipo asume, por lo tanto, como premisa conceptual el beneficio de la alta densidad convenientemente distribuida, viabilizando servicios e incrementado las relaciones sociales (...)""No entendemos el hábitat solo como 'residencia': al contrario, justamente lo consideramos como la correcta vinculación entre todos estos elementos urbanos que conducen al incremento de las actividades sociales. Es residencia, pero también es transporte, escuela, jardín de infantes, comercio, club, infraestructura. Integrados, participantes unos de los otros."

3.1.

El Proyecto Núcleo Habitacional Inocoop-Cafundá

El proyecto del Núcleo Habitacional Inocoop-Cafundá, de autoría de Sergio Ferraz Magalhães, Ana Luiza Petrik Magalhães, Silvia Pozzana de Barros y Clovis Silvestre de Barros, además de Rui Rocha Veloso como arquitecto asociado, es fruto de un concurso público de 1977, desarrollado en 1978-79 y con inicio de obras en 1980.

Este proyecto condensa muchas de las críticas corrientes en la época a los productos de la política habitacional anterior. Y lo hace recuperando, en muchos aspectos y sin dogmatismo, como observan Ruth Verde Zein y Maria Alice Junqueira Bastos, las buenas herencias modernas del conjunto de Alguiers, de Le Corbusier, así como también las del conjunto de la Gávea, *Pedregulho* y del Parque Guinle.

El conjunto habitacional de Cafundá es un ejemplo interesante porque retoma la idea de vivienda colectiva con un enorme esfuerzo por la superación de los paradigmas modernistas, aplicando tanto las cuestiones planteadas por el TEAM X, como el concepto de lugar.

"Citemos as habitações de Cafundá, no Rio de Janeiro(1978-82) de Sérgio Magalhães,cuja estrutura urbana livre retoma a experiência de Reidy, amadurecendo o conceito de comunidade quanto a organização dos espaços sociais."[7] (SEGRE, 1991, p. 279)

---

[7]   "Mencionemos el conjunto de Cafunda, en Rio de Janeiro(1978-82,de Sergio Magalhães, cuya estructura urbana de forma libre retoma la experiencia de Reidy madurando el concepto de comunidad en relación a la organización de los espacios sociales."

Comparado con la experiencia del PREVI, que asocia de forma radical la calidad del espacio a la baja altura y la alta densidad, este proyecto trata de colocar edificios altos y alta densidad, sin por ello olvidarse de cuidar las diversas escalas del espacio del departamento, el vecindario y el espacio comunitario.

Pero esta recuperación parcial del lenguaje moderno se da en el contexto de una percepción de la ciudad contemporánea totalmente diferente. Incluso en la memoria del proyecto hay una crítica explícita a los principios de la Carta de Atenas.

"Vale observar que segundo a equipe a clássica separação das funções entre habitar, recrear, circular, trabalhar (Carta de Atenas) não tem correspondido a dinâmica da vida especialmente entre a população carente como a brasileira."[8] (Revista Projeto, Nº 32, 1980)

Al mismo tiempo, la conceptualización de la vivienda como equipamiento urbano amplía el horizonte de su estudio. Esto significa romper definitivamente con la conceptualización del problema habitacional como un problema de construcción de edificios y asumir la urgencia de que la arquitectura habitacional sea también, y fundamentalmente, una política de construcción de ciudades.

Lo que marca la distancia conceptual entre el momento de los modernos y este es exactamente una percepción diametralmente opuesta con relación a las preexistencias, ya sean ambientales o urbanas.

Si para los modernos existía el espacio, para Aldo Rossi y también para Christian Norberg Shulz, lo que existe es el lugar, el espacio no tiene historia. Pero más que eso, muchas veces surge como eliminación de la historia, como es el caso de la isla de la ciudad universitaria de la Universidad Federal de Rio de Janeiro (UFRJ), donde cerros, vegetación y canales fueron terraplenados para crear un terreno limpio, plano, libre de marcas del pasado, un enorme pastizal donde los edificios flotan aislados entre sí.

---

[8] "Vale observar que según el equipo la clásica separación de las funciones entre habitar, recrear, circular, trabajar (Carta de Atenas) no ha correspondido a la dinámica de la vida, especialmente entre la población carente como la brasileña."

De forma contrapuesta, el concepto de lugar presupone reconocer las preexistencias, ya sean históricas o ambientales, y trabajar con la conservación de estas marcas como parte del proyecto, y no como obstáculos.

En una línea opuesta al proyecto de la Ciudad Universitaria, Cafundá parte de un doble análisis: el del lugar en la ciudad y el del relieve del terreno, enfatizando en ambos las aproximaciones a los datos locales como una preocupación, no simplemente con el objeto, sino sobre todo pensando en la contribución del objeto para la construcción de la ciudad.

Analizando dos alternativas conocidas de ocupación de los cerros existentes en Rio de Janeiro, las favelas con construcciones bajas densas y con ocupación total del espacio y el *Morro da Viúva*, en Flamengo, que esconde la topografía cerrando el cerro contenido atrás de los edificios, el equipo adopta una tercera opción, que es la adecuación de la construcción a los niveles del terreno, aprovechando el relieve para garantizar la máxima ocupación y, al mismo tiempo, una mayor área libre.

El trabajo critica tanto la solución de casitas individuales como los conjuntos en H de baja altura, destacando que en estos últimos "(...) *o espaço urbano é desfigurado pela pulverização de projeções,criando áreas vizinhas aos blocos de modo a atenderem estritamente aos afastamentos exigidos pela legislação. Dai decorrem: uma redução das áreas de recreação/encontro -uma dispersão de áreas tratadas com jardins...uma insalubridade evidente em áreas menos insoladas- um custo elevado de manutenção conservação do tratamento externo* (...)" [9] (Revista Projeto, Nº 32, p. 64,1980)

En esto retoma claramente a Le Corbusier en la doble crítica a ambos modelos y en su cruzada por la concentración en altura de las edificaciones, pero lo hace aceptando la diversidad de la ciudad y no como una imposición de un modelo único.

Cafundá trata de demostrar que es posible tener vivienda social en altura, con alta densidad y buena calidad. En este sentido, sigue un camino diverso con relación al Previ, que partía de una crítica radical al modernismo.

---

[9]   "el espacio urbano es desfigurado por la pulverización de proyecciones, creando áreas vecinas a los bloques para respetar estrictamente las distancias exigidas por la legislación. De ahí resulta: una reducción de las áreas de recreación/encuentro – una dispersión de las áreas tratadas con jardines...una insalubridad evidente en áreas menos expuestas al sol-un costo elevado de mantenimiento y conservación del tratamiento externo [...]."

Figura 14: Proyecto Cafundá. Sergio Ferraz Magalhães, Ana Luiza Petrik Magalhães, Silvia Pozzana de Barros y Clovis Silvestre de Barros, con Rui Rocha Veloso como arquitecto asociado, 1980. Foto: Celso Brando. Revista Projeto, Nº 32, 1980.

Partiendo del presupuesto de que es imposible integrar por el mimetismo con el barrio de casas bajas existente, el proyecto de Cafundá propone la relación barrio-ciudad a través de la localización del equipamiento comunitario y la apertura de espacios libres entre el conjunto y la ciudad.

Las localización del equipamiento colectivo (canchas de fútbol con vestuarios, jardín de infantes, escuela primaria, centros comunitarios, cooperativas, áreas libres arborizadas, etc.) en la periferia del terreno, en contacto con la malla urbana, enfatiza esta opción por la relación con la ciudad.

Otra cuestión importante de este proyecto es la consideración de cuatro categorías espaciales: espacio comunitario, espacio vecinal, espacio familiar y espacio individual. Cada uno de estos espacios se piensa en el lugar y en la conformación para responder a la demanda de grados de relación, desde el individual, pasando por el familiar, en la reunión de varias familias (vecinal) hasta la reunión colectiva general (comunitario).

En este razonamiento hay una doble preocupación. Por un lado, por las transiciones que garanticen la existencia de espacios vitales a diversas escalas y no residuos espaciales. Por el otro, por cómo lograr la mayor conservación posible de áreas verdes intactas. La conjugación de ambas premisas de proyecto se resuelve mediante la articulación de caminos, lugares de encuentro, niveles de circulación y elevadores.

En una referencia directa al proyecto de Golden Lane, de Alison y Peter Smitshon, **la calle elevada**, también presente en el Pedregulho y en la Unidad Habitacional de Marsella, se conecta en este caso con los elevadores, creando los puntos de encuentro vecinales y comunitarios.

Así, las circulaciones verticales y horizontales (calle elevada) que atraviesan los espacios de reunión estructuran todo el conjunto, garantizando la vitalidad de todas las categorías espaciales.

Finalmente, el proyecto de las unidades habitacionales se preocupa por la *"relação permanente direta entre a habitação e o espaço comunitário e entre a habitação e a paisagem distante... e com a criação de Espaços vicinais sem aumento das áreas de circulação tradicionais permitindo a introdução de uma escala intermediaria entre o Condomínio e a unidade."*[10] (Revista Projeto, Nº32, p. 71, 1980)

El Previ-Lima es una respuesta inmediata a las primeras implantaciones modernistas que recupera, entre otros conceptos, la idea de bloques bajos y alta densidad, contraria al modelo corbuseriano, por imaginar que los bloques permiten un mayor control visual del espacio vecino y también una apropiación más adecuada. Por su parte, Cafundá piensa que es posible conciliar bloques altos, alta densidad y calidad espacial, y lo hace concentrando las edificaciones en pocos puntos del espacio y manteniendo intacto el resto del terreno, lo que sin duda es una virtud.

Lo que estos dos proyectos plantean es la necesidad de establecer categorías espaciales más allá de lo público y lo privado capaces de evitar la tierra de nadie, tanto de las casitas suburbanas de la Alianza para el Progreso, como de los conjuntos del BHN. Se trata de estimular apropiaciones del espacio en diversas escalas, desde la unidad hasta el espacio público, pasando por el espacio vecinal-comunitario.

---

[10]   "(...) relación permanente directa entre la vivienda y el espacio comunitario y entre la vivienda y el paisaje distante (...) y con la creación de Espacios vecinales sin aumento de las áreas de circulación tradicionales, permitiendo la introducción de una escala intermedia entre el complejo y la unidad."

Figura 15: Conjunto habitacional Inocoop-Cafundá, 1980. Foto: Lab-Hab Fau-UFRJ.

4.

De la ciudad única a la ciudad diversa. Las experiencias de la década de 90

4.1. Habi-São Paulo, Favela Bairro y Novas
alternativas. Viviendas en el área central.
La vertiente historicista, el concepto de
arquitectura de la ciudad, tipo, analogía y lugar.

Figura 16: Favela-Bairro
Ladeira dos funcionários,
Caju, 1995. Fábrica Arquitetu-
ra /Arquitectos Pablo Benetti
y Marco Antonio Pereira da
Silva. Fotos: Fabio Costa.

4.1.

Habi-São Paulo, *Favela Bairro* y *Novas alternativas*. Viviendas en el área central. La vertiente historicista, el concepto de arquitectura de la ciudad, tipo, analogía y lugar.

Los tres ejemplos anteriormente citados – *Pedreghulho*, Previ y Cafundá – tienen en común el hecho de constituir una oferta de edificaciones con mayor o menor preocupación por la ciudad, pero no se los formula, hasta por la propia escala de intervención, como programas de construcción de la ciudad.

En los ejemplos anteriores aparece la cuestión de los pequeños recursos comprometidos frente a la dimensión de los problemas habitacionales. Pero también se evidencia en aquellos momentos la ausencia de una coyuntura política que permita pensar la vivienda con nuevos moldes, ya sea por la falta de democracia, por la carencia de organización popular, por la falta de recursos o, incluso más radicalmente, por la falta de conceptos sobre la ciudad que considerasen su diversidad.

Lo que los programas de la década de 1990 plantean como novedad es la comprensión del problema habitacional como problema urbano, más claramente, entendiendo la oferta de vivienda y las políticas habitacionales como políticas de construcción de la ciudad, y no simplemente de edificación de viviendas. Esta nueva mirada considera los deseos de los habitantes, reconoce las inversiones realizadas, en los casos de urbanización de favelas, y se preocupa, sobre todo, por una oferta variada de viviendas de acuerdo con el lugar donde se construyen.

La consolidación de la apertura democrática y el fortalecimiento de los movimientos sociales en la década de 1990 propiciaron una renovación en el debate de la vivienda social tras el rastro del Estatuto de la Ciudad, que afirma como principio la función social de la ciudad.

Con seguridad, la lectura de la ciudad como acumulación de tiempos de Aldo Rossi es esencial para entender esta aproximación que no considera el tejido urbano como hecho de una única racionalidad, sino como fruto de la diversidad temporal y, en consecuencia, de la diversidad de tipologías y formas históricas determinadas.

"A forma da cidade é sempre a forma de um tempo de cidade, e tem muitos tempos na forma da cidade."[11] (ROSSI,1982, p. 104)

Esta presencia de variadas formas en la forma de la ciudad remite también, de forma directa, a Colin Rowe y su idea de ciudad collage, que considera posible y necesaria para la calidad urbana la coexistencia de diversas formas urbanas, el choque entre ellas y las transiciones, la definitiva incorporación del concepto de ciudad diversa en oposición a la ciudad única racionalmente delineada por los modernos.

El concepto de arquitectura de la ciudad que rompe con la nefasta división entre urbanismo y arquitectura, típica del funcionalismo ingenuo, según las palabras de Aldo Rossi, es un intento concreto de recuperación del campo disciplinar que trabaja la noción de ciudad como arquitectura. La materia de Proyecto urbano se consolida exactamente en esta discusión, que rompe con los planes de largo plazo y toma como objeto de intervención la reforma de la ciudad existente.

Partiendo de un análisis estructuralista, Rossi identifica en la estructura de la ciudad dos componentes fundamentales: el área residencial y los elementos primarios-monumentos. Estos últimos se consideran puntos fijos en la dinámica urbana, lugares donde los mitos y los ritos encuentran su expresión.

---

[11]   "La forma de la ciudad es siempre la forma de un tiempo de ciudad, y hay muchos tiempos en la forma de la ciudad."

"Os monumentos, sinais da vontade coletiva expressos através dos princípios da arquitetura, parecem colocar-se como pontos fixos da dinâmica urbana."[12] (ROSSI, 1977)

En principio, el área residencial sería el elemento dinámico que cambia a lo largo del tiempo y que, en este cambio, produce como resultado una ciudad diversa, fruto de la existencia de una diversidad de tipologías, divisiones de tierras, legislaciones, normas de construcción y concepciones.

Esa visión de la ciudad como una acumulación de tiempos en permanente construcción fundamenta la vuelta de la vivienda a las áreas centrales, hasta ese momento islas funcionales peligrosas y abandonadas por la noche. De ahí surge una doble ventaja: para la ciudad, en la medida en que gana actividades y horarios hasta ese momento libres; y para la vivienda, porque gana ciudad y, por lo tanto, posibilidades de inserción social más efectiva.

La recuperación de los centros históricos y su valor como depositarios de la memoria, si bien no configura un programa para toda la ciudad, sin duda repara la importancia de las preexistencias en la construcción de la ciudad. Al contrario de los modernos, no es necesario demoler las formas urbanas anteriores ya que es posible pensar en el aprovechamiento de los tejidos existentes.

Al mismo tiempo, este concepto de arquitectura de la ciudad lleva implícita la aceptación de la diversidad, de las diferentes formas de construir el tejido urbano, lo que da lugar a la comprensión teórica de que las formas del hábitat popular también forman parte de este esfuerzo de edificación de la ciudad.

El reconocimiento de favelas y loteos populares como formas legítimas del hábitat, al mismo tiempo en que abandona la idea de la erradicación, los incorpora a la ciudad proponiendo políticas de complementación urbanas o políticas que se caracterizan por llevar a estas áreas residenciales existentes (favelas y loteos) dimensiones urbanas, ya sea en forma de equipamiento (jardines de infantes, sala de primeros auxilios, etc.), o introduciendo valores urbanos inexistentes hasta ese momento en esos territorios.

Son políticas habitacionales que parten del principio de llevar la ciudad a los lugares ya habitados (favelas y loteos), como es el caso del programa

---

[12] "Los monumentos, señales de la voluntad colectiva expresados a través de los principios de la arquitectura, parecen ubicarse como puntos fijos de la dinámica urbana."

Favela-Bairro, así como de llevar viviendas a lugares donde existe la ciudad (áreas céntricas), como lo propone el Programa *Novas Alternativas*.

En el caso de São Paulo cuando Luiza Erundina es elegida alcalde por el Partido de los Trabajadores (PT), con Nabil Bonduki al frente de la Secretaría de Vivienda, se realizaron experiencias pautadas por las siguientes directrices:

"a. o aproveitamento de terrenos públicos, b. projetos de pequenas dimensões,c. inovação tipológica, d. diversidade de soluções arquitetônicas e urbanísticas, e. espaço público resolvido não como sobra de espaço construído mas como elemento articulador dos edifícios, f. utilização de processos construtivos racionalizados, g. permanente processo de participação popular em todos os aspectos (programa, concepção e desenho dos conjuntos e das unidades) h. equacionamento do projeto urbanístico e da alta densidade."[13] (BASTOS; ZEIN, 2010, p. 312)

Cada una de esas directrices muestra la consolidación de conceptos que aparecen de forma práctica en los ejemplos anteriores, pero que reunidos configuran un cambio radical a las políticas del Estado relacionadas con la vivienda social.

El uso de terrenos públicos (**a**), además de abaratar el costo final de la construcción, consolida el concepto de función social de la propiedad, destinando terrenos públicos a vivienda social y reconociendo la vivienda como un derecho ciudadano.

La idea de proyectos de pequeñas dimensiones (**b**) prioriza la localización de los terrenos en la malla urbana, evitando terrenos grandes y apartados de la ciudad. Además, mimetiza la vivienda social en el conjunto construido, afirmando la idea de una ciudad diversa y los principios rossianos de proyectar por analogía.

La innovación tipológica (**c**), la diversidad de las soluciones urbanísticas(**d**) y el cuidado con los espacios entre edificios (**e**) consolidan la idea de que es necesario pensar desde la unidad hasta el espacio de relación mirando hacia

---

[13]   "a. el aprovechamiento de terrenos públicos, b. proyectos de pequeñas dimensiones, c. innovación tipológica, d. diversidad de soluciones arquitectónicas y urbanísticas, e. espacio público resuelto no como sobrante de espacio construido sino como elemento articulador de los edificios, f. utilización de procesos constructivos racionalizados, g. permanente proceso de participación popular en todos los aspectos (programa, concepción y diseño de los conjuntos y de las unidades) h. análisis detallado del proyecto urbanístico y de la alta densidad."

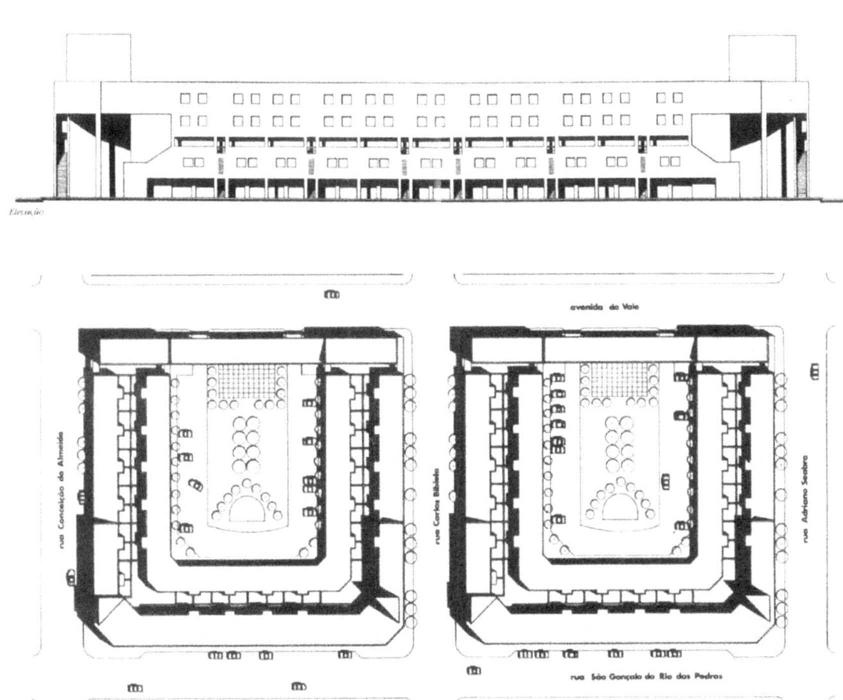

Figura 17: Vila Mara. Arquitectos Bruno Padovano y Hector Viglieca. Revista AU, Nº33

los barrios en los cuales están insertados los proyectos, sobre todo preocupándose por la integración definitiva de estas unidades a la ciudad.

La búsqueda de procesos constructivos racionalizados (**f**) retoma el momento inicial de los modernos y el desafío de bajar los costos para que la vivienda sea más accesible.

El proceso permanente de participación popular no solo identifica la existencia de movimientos populares por la vivienda, sino que también incorpora la escucha como elemento del proyecto, lo que lo aproxima a la experiencia de Brás de Pina. Finalmente, la combinación de proyecto urbanístico y alta densidad (**g**) llama la atención hacia la necesidad de viabilizar no solo el objeto edificio, sino también su inserción en la ciudad, en lo que se aproxima a la experiencia de Cafundá.

Vemos en esta política la recuperación crítica y sofisticada de muchas experiencias anteriores de vivienda social.

Buenos ejemplos de aplicación de esta política son las edificaciones de *Rincão*, *Vila Mara* y *Rio das Pedras*, de Padovano y Viglieca. En *Vila Mara*, la edificación tiene un cuidado especial con la reconstrucción de los límites de la manzana. La entrada por la esquina abre el patio interno en contacto con la calle y las unidades dan vitalidad, tanto a la calle como al patio interno.

En esta edificación hay una clara alusión a la manzana cerrada típica de las propuestas de Aldo Rossi, que reflejan la preocupación por la reconstrucción contextualista del tejido urbano, evitando rupturas que contribuyan a la segregación de los conjuntos de la malla urbana.

Pero al mismo tiempo hay una clara afirmación del valor del proyecto y una lectura cuidadosa de la inserción urbana del conjunto, el tratamiento de la esquina con una altura mayor y más imponente, la conexión de la esquina con el patio central y la existencia de departamentos a la calle que contribuyen con la vitalidad de la ciudad. En resumen, el cuidado formal de toda la construcción muestra un respeto muy grande por los usuarios y una afirmación de que es posible construir vivienda social de calidad.

Este es uno de los ejemplos de una actuación importante de la Municipalidad de São Paulo, que marcó un nuevo enfoque en la cuestión de la vivienda social en los años 1990.

En esa misma década, en Rio de Janeiro se desarrolla el Programa *Favela-Bairro*, una de las políticas habitacionales más interesantes debido a la afirmación que implícitamente realiza sobre el problema de las favelas como un problema social, y no simplemente habitacional.

Contrariando a todas las políticas implementadas anteriormente, el Programa *Favela-Bairro* preconiza, en lugar de la erradicación de las favelas, su consolidación en el mismo lugar donde están, integrándolas a la ciudad.

Más allá de la cuestión estrictamente habitacional, lo que tenemos es una política integrada de combate a la pobreza y una política concreta de disputa del territorio con el crimen organizado.

Ambas cuestiones funcionan juntas proponiendo un uso activo del espacio urbano, así como también la formulación de alternativas para el crecimiento económico y social de las familias que residen en las favelas.

En el caso del Programa *Favela–Bairro,* lo que vemos es el **diseño de una política habitacional que no tiene como objetivo principal la construcción de vivienda, sino la oferta de ciudad**. Por cierto, este punto de vista representa la superación de todas las políticas anteriores que negaban el valor del esfuerzo colectivo en la construcción de vivienda por parte de los sectores populares, recomendando la simple erradicación y destrucción de estos conjuntos edificados.

La incorporación de las favelas, hasta entonces ausentes en los mapas y en el registro urbano, da una noción de hasta qué punto esta realidad de la vivienda social era invisible a los ojos de quienes planean nuestras ciudades. Las propuestas de inserción en el barrio trabajan con dimensiones típicas del proyecto urbano, enfatizando la costura urbana, la construcción de equipamiento colectivo y la creación de condiciones para la implantación de infraestructura (agua corriente, cloacas, drenaje, recolección de residuos) similar a la de la ciudad del entorno.

Conceptos como permeabilidad, tratamiento de los puntos de contacto entre la favela y el barrio y creación de espacios colectivos de encuentro caracterizan a la mayoría de los proyectos de *Favela-Bairro*. Conceptualmente, lo que vemos es la aceptación de que la edificación de la ciudad debe reconocer la diversidad de situaciones y entornos existentes, al contrario de un modelo único aplicable a cualquier lugar de la ciudad; una consagración de la diferencia sin atribuirle un valor negativo.

El impacto de este programa es visible en el conjunto de la ciudad, ya sea por la disminución de deslizamientos de laderas con víctimas fatales, por la

Figura 18: Favela-Bairro Ladeira dos funcionários, Caju, 1995. Fábrica Arquitetura /Arquitectos Pablo Benetti y Marco Antonio Pereira da Silva. Fotos: Fabio Costa.

Figura 19: Favela-Bairro Parque Boa Esperança, Caju, 1995. Fábrica Arquitetura /Arquitectos Pablo Benetti y Marco Antonio Pereira da Silva. Fotos: Fabio Costa.

Figura 20: Favela-Bairro Quinta do Caju, Caju, 1995. Fábrica Arquitetura /Arquitectos Pablo Benetti y Marco Antonio Pereira da Silva. Fotos: Fabio Costa.

mejora del drenaje urbano con una reducción de inundaciones en diversos puntos de la ciudad o, sobre todo, por el reconocimiento de que es necesario observar con más atención a estos grupos de la población y diseñar políticas efectivas para su incorporación urbana.

Las limitaciones del Programa podrían resumirse en tres puntos. Primero, la insuficiente oferta paralela de vivienda que lleva al habitante de la favela a considerar la forma de vivienda-favela, no como una opción sino como la única alternativa.

Segundo, la degradación generalizada de la ciudad que hace que en muchos casos de intervención tengamos favelas precarias en barrios precarios. O sea, la favela se localiza en ese lugar de la ciudad porque la ciudad abandona ese lugar para otros usos. Esto genera situaciones muy complejas que exigen procesos de intervención de mayor envergadura y con recursos más significativos: no sirve de mucho intervenir en la favela porque la presencia de un entorno urbano degradado crea una isla de excelencia en un mar de carencias muy dramáticas.

Finalmente, a pesar de que en la formulación inicial estas áreas de favelas pasaran a ser nuevos barrios, en la práctica, la falta de cuidado y la discriminación

Figura 21: Programa Novas Alternativas. Situación antes de las obras y situación posterior a las obras . Proyecto: Fábrica Arquitetura y Cooperativa. Libro Novas Alternativas.

Figura 22: Programa Novas Alternativas. Proyecto: Fábrica Arquitetura/ Arquitecto Pablo Benetti. Foto del autor.

concreta de los organismos de mantenimiento provocó, en muchos casos, una vuelta a las condiciones anteriores a las obras.

Es evidente que la presencia de traficantes armados antes, durante y después de las obras es un factor que no debe menospreciarse, ya que altera la lógica de trabajo, e incluso la posible presencia de iniciativas oficiales (deporte, recreación, educación) que son inhibidas por la violencia. Así, a pesar de que el Programa crea condiciones para estas prácticas, la presencia armada muchas veces las impedía, de hecho.

Finalmente, destacamos que este programa fue una oferta del Estado y no una conquista de los movimientos populares organizados. La baja capacidad de participación, la cooptación política y la falta de independencia del movimiento popular son factores que, en parte, explican el deterioro de las instalaciones físicas y la frecuente reducción del programa a un simple programa de construcción y no de transformación social, como se verificó en las dos últimas administraciones del intendente Cesar Maia.

El programa *Favela-Bairro* integraba un conjunto de programas habitacionales que crearon un frente diverso de ataque a la complejidad del problema. Junto a él estaban la regularización de loteos; *Morar sem Risco*, que contemplaba la erradicación de todas las formas de subvivienda (debajo de autopistas y en áreas de riesgo); y el programa *Novas Alternativas*, de recuperación de conventillos y vivienda social en el área céntrica.

Este último, a pesar de su alcance muy modesto en comparación con las alternativas de São Paulo, tuvo también el mérito de llamar la atención hacia la necesidad de vivienda en la zona céntrica. Metodológicamente apoyado en los conceptos de tipo y proyecto por analogía de Aldo Rossi, produjo algunos ejemplares integrados a la malla urbana, anónimos y mimetizados con su entorno, lo que en este caso es una enorme virtud.

El Programa *Favela-Barrio* lleva la "ciudad" a los lugares donde ya hay vivienda; *Novas Alternativas* lleva vivienda a lugares donde existe ciudad. La diferencia fundamental entre ambos es que mientras *Favela-Bairro* no ofrecía nueva vivienda (solo un porcentaje mínimo), *Novas Alternativas* es única y exclusivamente oferta de vivienda. Claro que el modesto número de unidades construidas no permite decir que, de hecho, haya tenido algún impacto en el panorama de la vivienda social, pero tiene valor por el gesto de colocar vivienda en el área céntrica.

Figura 23: Minha Casa Minha Vida, 2010. In: Produzir casas ou construir cidades? P. 61. Acervo Lab. Quapa, Manaos, AM, 2009.

5.

Las propuestas contemporaneas de vivienda

5.1. El FNHIS (Fondo Nacional de Vivienda de Interés Social), el PAC (Programa de Aceleración del Crecimiento) y el proyecto Minha Casa Minha Vida (Mi Casa Mi Vida): aciertos y limitaciones. Las nuevas propuestas de Morar Carioca (Vivir Carioca).

5.2. Las formas actuales de crecimiento urbano: la ciudad COM- FUSA

5.1.

El FNHIS (Fondo Nacional de Vivienda de Interés Social), el PAC (Programa de Aceleración del Crecimiento) y el proyecto *Minha Casa Minha Vida* (Mi Casa Mi Vida): aciertos y limitaciones. Las nuevas propuestas de *Morar Carioca* (Vivir Carioca).

Varios hechos nuevos merecen destacarse en la coyuntura actual. La creación del Ministerio de las Ciudades, la implantación del FHIS (Fondo Nacional de Vivienda de Interés Social), la creación del programa *Minha Casa Minha Vida* y el PAC (Programa de Aceleración del Crecimiento) plantean conceptualmente nuevas posibilidades y desafíos en el área habitacional.

Probablemente el dato más importante de todos sea el volumen de recursos que permite, por primera vez en muchos años, prever una solución definitiva para el déficit habitacional del país. La segunda cuestión, no menos importante, es que admite el subsidio para los grupos de bajos ingresos (0 a 3 sueldos mínimos[14]), que es donde está concentrado el déficit habitacional.

---

[14]   El sueldo mínimo nacional en Brasil para el año 2012 es R$ 616, equivalente a aproximadamente USD 305.

Así, mientras en la década de 90 pasada se observaron buenas prácticas e iniciativas importantes, en esta década se contaría con los recursos necesarios para generalizar las experiencias, transformándolas de ejemplos paradigmáticos en intervenciones capaces de alterar el equilibrio del mercado habitacional.

Esto es en teoría, porque lamentablemente en la práctica los recursos utilizados no están generando la ciudad deseada. La discusión del Plan Nacional de Vivienda, esencial para que esas inversiones dejen, de hecho, una herencia positiva, desafortunadamente fue relegado a un segundo plano y lo que vemos es la construcción de muchas unidades habitacionales de calidad dudosa que responden a la conveniencia del mercado, y no de los ciudadanos.

Un mercado con regulación baja o casi inexistente termina produciendo una serie de iniciativas aisladas solo guiadas por el bajo costo de las inversiones. Fatalmente, esto lleva a la vivienda social otra vez a la periferia urbana con los costos conocidos, para el habitante y para la ciudad.

Los pilares pensados para el Plan Nacional de Vivienda eran cuatro. El **institucional**, que consiste en dotar al poder público de condiciones y capacidad para efectuar, de hecho, la regulación necesaria.

El de **recursos-financiero**, que implica la creación de un sistema financiero, admitiendo, por primera vez en muchos años, subsidios para los grupos de bajos ingresos (hasta tres sueldos mínimos), que es donde se concentra el déficit habitacional.

El de la **cadena productiva**, que compromete a la iniciativa privada en la construcción, posibilitando un aumento sustancial de las unidades producidas.

El eje **urbano-ambiental,** este era el eje pensado en el sentido de que la vivienda fuera, de hecho, un elemento de construcción de la ciudad, viabilizando las inversiones en lugares convenientes.

La realidad del Programa *Minha Casa Minha Vida* es que solo los ejes **recursos-financiero** y el de la **cadena productiva** están en actividad. Los otros ejes, el institucional y el urbano-ambiental, más importantes para garantizar la calidad de la vivienda, no fueron totalmente implementados. El resultado de esto es un cierto sabor de frustración y una construcción de viviendas de baja calidad, en líneas generales.

Los ejes institucional y urbano-ambiental, que básicamente comprenden la aplicación de planes directores y planes locales de vivienda y controles en la aprobación de los proyectos, dependen fundamentalmente de la actuación a nivel municipal. Ya sea por la falta de detalle de los planes directores, por la ausencia de planes locales de vivienda, por la carencia de personal o por el bajo rigor para la aprobación de los proyectos, lo que vemos es el predominio de los intereses privados en la elección de los lugares para viviendas sin una correcta evaluación de la contribución a la ciudad de estos nuevos emprendimientos habitacionales.

La entrada de capitales provenientes de la construcción civil en un programa habitacional de gran envergadura como este es un factor esencial y benéfico. Sin embargo, en una ciudad desregulada, este hecho positivo se traduce, muchas veces, en un impacto negativo en la calidad de vida, ya que reafirma las tendencias perversas de la urbanización actual.

El mayor impacto negativo se produce en términos de la estructura urbana, que continúa presionada por la expansión a terrenos casi rurales y por el abandono de la necesidad de aprovechar la infraestructura existente, compactando la ciudad.

Por otro lado, esta política habitacional no logra incorporar realmente a los miles de pequeños constructores que han hecho la ciudad al margen de esos financiamientos oficiales: la excesiva formalización requerida para el acceso al crédito termina concentrando las oportunidades en los grandes capitales que producen grandes conjuntos de gran impacto negativo.

Resulta interesante destacar que la producción de pequeñas intervenciones completando la malla urbana existente, es un hecho inusual y no la norma en el programa *Minha Casa Minha Vida*.

La coyuntura actual muestra una coincidencia interesante de recursos y financiamiento para vivienda que acontece en una situación en la que antiguas certezas fueron demolidas. La ingenua ilusión de que el Plan Director sería de hecho una orientación para la creación de una ciudad más justa, con la aplicación de los instrumentos del Estatuto de las Ciudades, hoy cede lugar a una cierta desconfianza.

Así, mientras los instrumentos legales apuntan hacia la importancia del Plan Director como elemento de definición-negociación de los vectores de crecimiento urbano, en la práctica el crecimiento se produce de forma descontrolada, presionando los recursos públicos a la vieja usanza. O sea, exigiendo la ampliación de la infraestructura urbana en la expansión de la ciudad difusa o gastando los recursos existentes en la hiperdensificación de la ciudad compacta.

5.2.

Las formas actuales de crecimiento urbano: la ciudad COM- FUSA

Al contrario del desarrollo urbano del siglo XIX, vinculado a las líneas ferroviarias, este nuevo crecimiento y extensión de la ciudad se realiza vinculado al automóvil, lo que crea una trama irregular que se parece más a una mancha de aceite que a una línea con puntos de concentración alrededor de las estaciones de tren.

Si la ciudad del siglo XIX crecía desde el centro hacia la periferia, la ciudad del siglo XXI crece en la periferia, en territorios frecuentemente desregulados o regulados de forma perniciosa y donde impera la lógica del lucro inmediato. Es la ciudad privada, creada por las constructoras privadas, lugar de convivencia de iguales en la forma de barrios cerrados que, de todas formas, no deja de exigir recursos e infraestructura del resto de la ciudad para volverse viable.

Ni la forma compacta asociada a la ciudad europea, ni la forma difusa asociada a la ciudad anglosajona sirven para describir las ciudades latinoamericanas que combinan, de una forma perversa, ambas formas dando como resultado la ciudad COM-FUSA (compacta y difusa) característica de la urbanización latinoamericana, según las palabras de Pedro Abramo (2007).

"Não temos dúvidas de que numa cidade com uma forma COM-FUSA do uso do solo as exigências de coordenação e de controle público da liberdade mercado são imprescindíveis para torná-la mais igualitaria e mais justa do ponto de vista do acesso e da distribuição da riqueza."[15] (ABRAMO, Pedro, A cidade COM-FUSA, 2007)

---

[15] "No tenemos dudas de que en una ciudad con una forma COM-FUSA del uso de la tierra las exigencias de coordinación y de control público de la libertad de mercado son imprescindibles para hacerla más igualitaria y más justa desde el punto de vista de la distribución de la riqueza."

El carácter de la urbanización **DIFUSA**, diseminada, comienza en Rio de Janeiro con Barra da Tijuca, sigue con Recreio dos Bandeirantes y ahora mira hacia Vargem Grande pensando en una ocupación densa y verticalizada, todo en un área baja entre montañas, ambientalmente frágil y distante de la ciudad, sin infraestructura instalada, configurando un previsible crimen ambiental.

Junto con la Ciudad S.A. que crece de esta manera, la vivienda autoconstruida busca con la misma lógica terrenos baratos y, por lo tanto, generalmente alejados, donde la flexibilidad de la construcción y la carencia de normas urbanísticas permiten enfrentar mejor el crecimiento familiar.

La otra forma de crecimiento urbano, la ciudad **COMPACTA,** acontece en los lugares consolidados de la malla urbana, donde la generación de empleo es predominante y la hiperconcentración determina el doble proceso de verticalización, ya sea en los barrios populares, favelas y conventillos, como en los de los sectores medios y altos, que también multiplican hasta el límite que la legislación permite los terrenos construidos, en muchos casos colocando sobre el mismo suelo dos o tres generaciones de edificaciones.

La hiperdensidad estimulada por la legislación urbanística agota las infraestructuras existentes y conduce a un congestionamiento permanente de nuestras ciudades. Las calles y avenidas son cada vez menos canales de desplazamiento en la medida en que los embotellamientos diarios se miden en kilómetros.

El resultado de estos movimientos en el territorio de la ciudad aparece bajo la forma de una extensión territorial sin calidad, generalmente empobrecida y en la forma de una porción hiperconcentrada de riqueza.

El mapa de la distribución de la población de Rio de Janeiro vis a vis con la distribución del empleo es particularmente dramático y esclarecedor a este respecto.

Mientras en la zona oeste de la ciudad vive 30% de la población, solo 7% del empleo se encuentra en dicha área. En contraposición, 40,43% del empleo está en la AP1 (centro) y solo 3,57% de la población vive en el área.

Con excepción de la AP1, donde el porcentaje de empleo es mucho mayor que la población, en todas las otras regiones del Rio de Janeiro la oferta de empleo es menor que la población. El caso más grave es el de la zona Oeste (AP5), que es exactamente donde se está estimulando la expansión urbana.

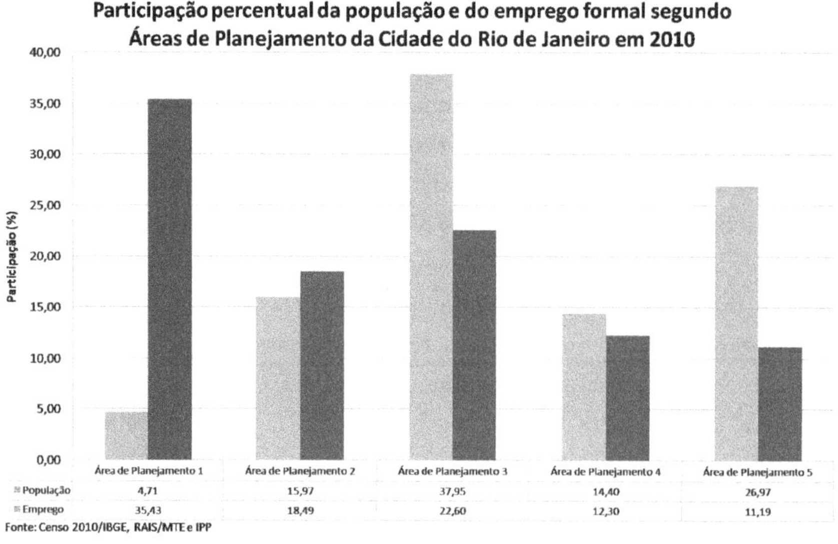

Figura 24: Fuente: Prof. Mauro Osório, con base en datos del IBGE. MTE/RAIS 2010.

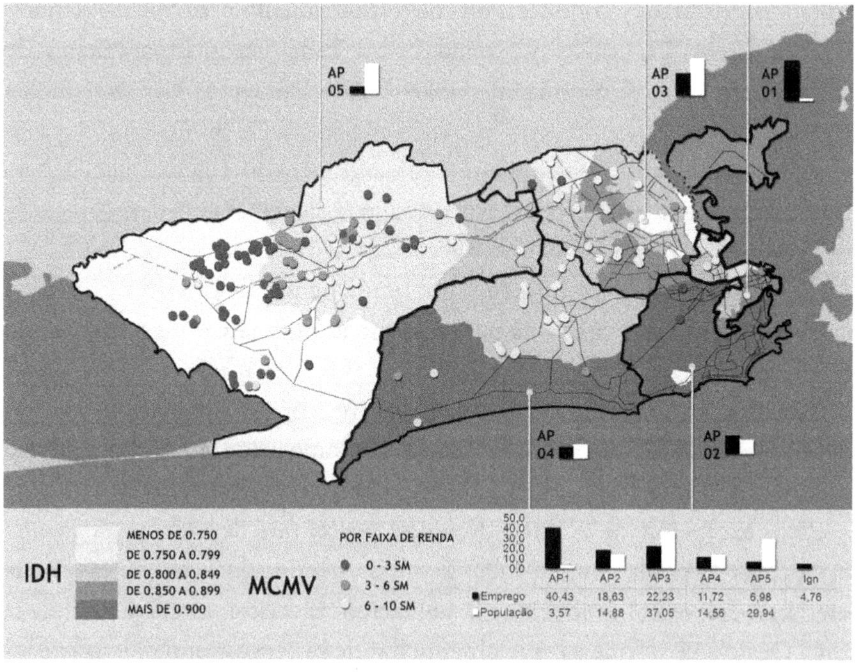

Figura 25: Fuente: Observatório de metrópoles IPPUR y Armazém dos dados PMCRJ-2010.

Los datos de población y empleo muestran una distribución cuantitativa desigual de la población, pero si observamos los datos cualitativos el panorama de la ciudad confirma la idea de una ciudad profundamente marcada por la diferencia.

La mancha oscura en el mapa muestra la localización de las familias con nivel universitario completo, que coincide con las familias propietarias de autos y con el índice de desarrollo humano (IDH) más elevado.

También es el lugar de concentración de 70% de los teatros públicos y las actividades culturales, donde los índices de violencia urbana son más bajos. Muchos de estos barrios perdieron población de acuerdo con el último censo.

En las manchas claras del mapa, el IDH es más bajo, hay menores oportunidades de empleo y de ascenso social, como es el caso del Área de planeamiento 5 (AP5). Una situación territorial como esta indica desplazamientos masivos y diarios.

La conclusión evidente es que la calidad de vida es proporcional a la calidad del desplazamiento, lo que supone **velocidad, tiempo, costo y confort**, cuatro atributos en líneas generales ausentes en nuestro transporte colectivo.

Por cierto que no cabe a la política y a los proyectos habitacionales equilibrar esta ciudad, lo que excede mucho sus posibilidades. Pero con seguridad no debería profundizar estas desigualdades con sus decisiones de localización y de proyecto.

Esto implica pensar en el lugar de la vivienda social como una contribución positiva para la calidad de vida de su población: la oferta de vivienda en las áreas centrales, donde se concentra 40% de la oferta de empleo, es una medida más que obvia.

Sin embargo, no es esto lo que verificamos en el mapa que muestra la ubicación de los emprendimientos de *Minha Casa Minha Vida* en Rio de Janeiro. La oferta con mayor volumen de subsidios (0 a 3 sueldos mínimos) está en la zona de la AP 5, que es exactamente donde se concentra la mayor masa de población con ingresos de hasta tres sueldos mínimos.

En este sentido, podríamos pensar que la oferta está yendo al lugar donde se ubica la demanda potencial, lo que es verdad, pero esta solución de mercado encubre un dato fundamental, que es que la población con ese nivel de ingresos vive hoy en ese lugar porque los otros lugares de la ciudad están vedados para ellos debido al precio de la tierra.

O sea, si la elección del lugar donde vivir pudiera ser totalmente libre, con seguridad una gran parte de esta población no estaría viviendo en ese lugar, donde hay falta de empleo, de oferta educativa, con un sistema de transporte que combina las mayores perversiones: costo elevado, frecuencia intermitente, baja calidad y comodidad y distancias enormes.

En este sentido, la solución del mercado es una solución únicamente para el mercado de la construcción civil, pero raramente lo será para los habitantes y para la ciudad, en la medida en que consolida la malla urbana distante con índices de baja densidad, forzando costos de urbanización muy elevados.

En esta ecuación, pierde la ciudad y pierde el habitante pobre que, aunque gane la posibilidad de tener una casa propia, recibe a cambio la fijación a un lugar sin muchas posibilidades de mejora social. La política habitacional implementada de esa forma pierde la posibilidad de ser también una buena política de combate a la pobreza.

El debilitamiento de los componentes **institucional** y **urbano-ambiental** presentes en la formulación inicial del Plan Nacional de Vivienda explican esta situación. El componente urbano-ambiental podría haber permitido subsidiar la compra de terrenos mejor ubicados por su inserción en la malla urbana, permitiendo de esta forma que la localización de la vivienda sea mejor y, al mismo tiempo, una puerta de entrada para el ascenso social.

El debilitamiento del componente **institucional** provoca una situación delicada porque en la medida en que se fijan metas cuantitativas hay una gran necesidad de aprobar un gran número de emprendimientos en un breve espacio de tiempo. Y sin el equipo técnico compatible con esta demanda de análisis de los financiamientos, simplemente se sigue la pauta de la lógica comercial.

Felizmente, la Secretaría Municipal de Vivienda de Rio de Janeiro comienza a discutir en 2011 el Plan local de vivienda que podría solucionar una gran parte de estas cuestiones, orientando las inversiones hacia los lugares que sean convenientes para la población y para la ciudad.

Por otro lado, la calidad de los conjuntos construidos también deja que desear. En líneas generales, parten del modelo difundido de barrio cerrado que ha provocado como resultado islas más o menos autosuficientes, pero retiradas de la trama urbana y con poquísima capacidad de contribuir con la calidad del espacio urbano (barrio) en el cual se insertan.

Figura 26: Minha Casa Minha Vida, 2010. In: Produzir casas ou construir cidades?, p. 58. Acervo Lab. Quapa Natal, RN, 2009.

Figura 27: Minha Casa Minha Vida, 2010. In: Produzir casas ou construir cidades?, p. 61. Acervo Lab. Quapa, Manaos, AM, 2009.

Si descendemos el análisis al nivel de la estructuración espacial interna, tampoco vemos, en líneas generales, grandes contribuciones de riqueza espacial, de variedad de espacios. Al contrario, estos emprendimientos, en su gran mayoría, se destacan por la monotonía espacial y por la consideración de una única variable en la ocupación del suelo: la de obtener el mayor número de unidades posibles por terreno.

En cuanto a la calidad de la vivienda, vemos claramente un retroceso en la construcción de fachadas lisas, expuestas al sol, sin ninguna protección especial, sin considerar que en términos de confort ambiental y eficiencia energética estas soluciones conllevan una elevación natural de los costos de mantenimiento para el residente, que se verá obligado a invertir en aire acondicionado y otras instalaciones mecánicas.

Desde el punto de vista estético, la composición de la mayoría de estas fachadas es simplemente una transposición del interior hacia el exterior; es difícil encontrar otra intencionalidad estética en los ejemplos que analizamos anteriormente.

O sea, estos proyectos de *Minha Casa Minha Vida* pueden, de hecho, significar para muchas familias el acceso a una vivienda más digna de la que ocupaban hasta ese momento. Pero para la historia de la materia en cuanto a la construcción de un discurso que alíe cuestiones prácticas a respuestas sofisticadas, estos ejemplos son muy limitados y repiten las soluciones del pasado.

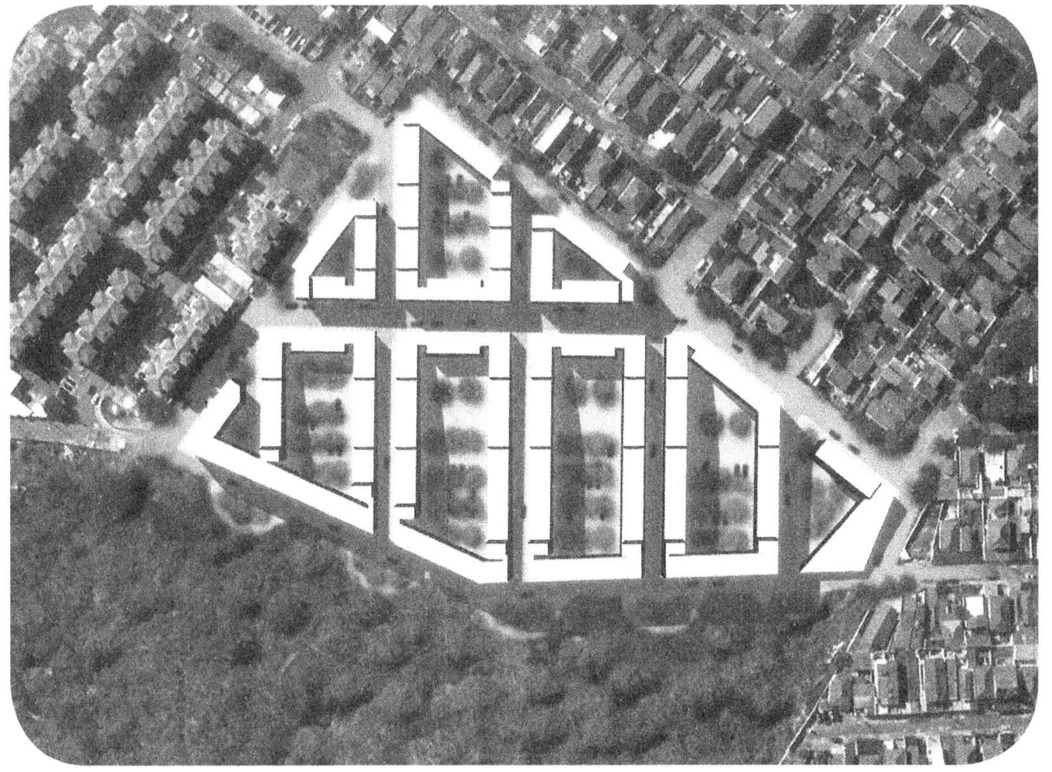

6.

Cinco aspectos de la vivienda social

Figura 28: Arquitectos Vigliecca y associados in: *Produzir casas ou construir cidades?*, p. 157. San Pablo, Ed fupam, 2012.

6.1

Localización

La localización en la ciudad es fundamental para entender la eficacia de cualquier proyecto habitacional. Los valores de la tierra auxiliados por la zonificación urbana siempre determinaron el lugar de los pobres en la ciudad. Las favelas y los conventillos en las áreas centrales siempre fueron la excepción a la norma, mientras las periferias distantes fueron consideradas el lugar "natural."

Como en líneas generales esta inversión en vivienda social recibe algún tipo de subsidio, lo que se busca es minimizar el valor invertido privilegiando terrenos baratos. El pensamiento corriente es que basta **la tierra** para construir, pero cuando este pensamiento es un poco más sofisticado, se busca **tierra urbanizada**. En realidad, ninguna de las dos soluciones sirve. Lo que debería buscarse pensando en la calidad de la vivienda social es la ciudad, o sea, **tierras urbanizadas insertadas en un contexto de posibilidades.**

Obviamente, el precio de la tierra es directamente proporcional a la urbanización: cuanto más lejos de los centros urbanos, más barata es la tierra. El problema es que asentar pobres en tierras distantes, con transporte caro y sin opciones de trabajo, cultura y recreación cerca significa una cierta forma de confinamiento que conduce de inmediato a una reiteración de la pobreza.

Incorporar en la política habitacional tierras públicas, lugares desactivados por las modificaciones en la organización productiva, vacíos urbanos, puede ser una salida para huir de la lógica estricta del mercado que fija el precio de la tierra según sus externalidades.

Se trata de entender la carencia de ciudad (entendiéndola como campo de relación y posibilidades) como un problema y pensar la vivienda como el inicio de una inserción social más efectiva. Entender el problema simplemente como carencia de tierras es perpetuar la pobreza en otros términos.

Las políticas de la década del 90 primaron por la corrección en el enfoque de la localización urbana, ya sea en las experiencias del Habi, en São Paulo, o en los programas de *Favela-Bairro* y *Novas Alternativas*. En ambos casos hay un cuidado con las preexistencias, ambientales o históricas.

Lamentablemente, en *Minha Casa Minha Vida* prevaleció la localización de las viviendas en áreas de menor IDH y menor oferta de empleo, lo que es sumamente contradictorio, porque al mismo tiempo la oferta responde al mercado, pero falta el cuestionamiento sobre cómo esta localización puede contribuir con la mejoría de la calidad de vida de los habitantes.

Definido el lugar de localización en la ciudad, cabe discutir la implantación de las edificaciones en la malla urbana.

6.2

Implantación

En lugares de malla consolidada donde predominan conjuntos urbanos, tienen sentido gestos contextualista que en volumetría respeten la configuración del entorno. Pero en lugares donde diferentes épocas insertaron modelos diversos de ocupación, imitar un conjunto urbano de alineamientos correctos es tan arbitrario como realizar una implantación libre.

En todo caso, lo que nos **debe preocupar es la continuidad de la ciudad,** no solo en cuanto a los canales de tráfico, sino en la dimensión ciudadana de contacto, reunión, uso y vitalidad urbana, o sea, una continuidad de tejidos no degradados. Y es en esto y para esto donde la vivienda puede contribuir mucho en la medida en que garantiza actividades a lo largo del día, lo que la vuelve un poderoso factor de renovación urbana.

Pedregulho y Cafundá ocupan terrenos en el cerro con difíciles condiciones de integración con su entorno provocadas por su propia topografía. En este contexto, un objeto único y de formas libres o de formas más contenidas que respetasen la alineación de la ciudad tiene el mismo papel en la contribución con la continuidad de la ciudad.

En un momento como el actual, en el que la defensa del espacio público parece ser un antídoto infalible para la degradación urbana, Solá Morales llama la atención hacia la relación entre espacio público y privado:

"Sustento(...) que a idéia de espaço público como oposto ao espaço privado estava superada. Versailles ou Brasília tem muitos espaços públicos mas isto não é cidade(...) A cidade é onde o público e o privado se mesclam.A cidade são aqueles espaços ao mesmo tempo públicos e privados. O exemplo histórico mais evidente é o mercado, que para alguns, pode ser entendido como paradigma da definição da cidade."[16] (MORALES, 2001, p. 113)

O sea, no se trata de ofrecer más espacio público, sino de garantizar que lo privado, lo colectivo o lo comunitario se apropien del espacio imprimiendo marcas y dejando rastros de su presencia y vitalidad. La mayor parte de las propuestas del programa *Favela Bairro* partieron de este principio de construir espacios al mismo tiempo públicos, comunitarios y privados, donde los diversos grupos sociales pudieran inscribir sus actividades.

Además, los ejemplos anteriores muestran una preocupación con el tratamiento adecuado a cada escala del espacio de estos proyectos habitacionales. La transición entre espacios privados, familiares, vecinales, comunitarios, del barrio y de la ciudad garantiza, por un lado, diversas cualidades especiales y, por otro, que cada una de las escalas tenga actividades y formas de apropiación que garanticen su vitalidad.

Por su parte, lo que vemos en los conjuntos habitacionales de *Minha Casa Minha Vida* es una vivienda orientada hacia adentro, en el modelo de barrios cerrados con un único punto de contacto con la malla urbana y, generalmente, monofuncionales.

Las unidades de vivienda son de baja calidad, lo que lleva a dudar de su vida útil. Al mismo tiempo se proponen piscinas y áreas recreativas como una seudocompensación frente a la insuficiencia espacial de las unidades.

La disposición interna privilegia la máxima ocupación del terreno, con alta tasa de impermeabilización y ausencia casi absoluta de vegetación. Esas cuestiones, unidas al tratamiento de las fachadas sin ninguna consideración de la orientación y la protección contra el sol, provocan indudablemente un aumento del consumo de energía y una falta de confort ambiental.

---

[16] "Sostengo[...] que la idea del espacio público como opuesto al espacio privado estaba superada. Versailles o Brasília tienen muchos espacios públicos, pero esto no es ciudad [...] La ciudad es donde lo público y lo privado se mezclan. La ciudad son esos espacios al mismo tiempo públicos y privados. El ejemplo histórico más evidente es el mercado, que para algunos puede entenderse como paradigma de la definición de la ciudad."

6.3

Vivienda: ¿albergue o unidad económica?

El significado de la vivienda para los sectores medios y los sectores populares es diametralmente diferente. Para el primer grupo, es simplemente un albergue. Para el segundo, es una posibilidad de reproducción e inserción social y, cuando la planta de la vivienda o el lugar dificultan esta posibilidad de crecimiento, lo que vemos son favelas que crecen al lado de conjuntos habitacionales llevando hacia un lugar próximo las prolongaciones familiares o económicas necesarias.

Así, la flexibilidad de la vivienda debe ser mayor cuanto mayor sea la dificultad de acceso a nuevos inmuebles y/o la posibilidad de organización de la economía familiar. El barrio de Maré, en su gran mayoría, está constituido por conjuntos habitacionales construidos por el Estado, pero las reformas, los agregados y ampliaciones informales, necesarios para el sustento de las familias, ya no permiten más reconocer los trazos originales.

El programa *Minha Casa Minha Vida* repite los mismos errores en la medida en que piensa en conjuntos monofuncionales, sin comercio ni espacio para otras unidades productivas asociadas a la vivienda, lo que lleva a creer que en el futuro tendremos nueva favelas y apropiaciones indebidas de los espacios intermedios entre bloques de viviendas.

Incluso el Previ, que pensaba formas de ampliación, fue totalmente superado por las demandas reales de ampliación, que no contemplan únicamente la vivienda sino, sobre todo, las más variadas formas de economía popular, desde el pequeño taller o comercio, hasta el hotel de paso, el jardín de infantes, el consultorio dental, etc.

En América Latina, esta cuestión se vuelve más dramática porque el acceso a la vivienda es muy difícil. Entonces, cuando alguien obtiene una propiedad urbana, agota hasta las últimas consecuencias la potencialidad de adaptación de las unidades.

6.4

Tecnología y sostenibilidad

Finalmente, la cuestión de la tecnología se plantea en América Latina bajo puntos de vista radicalmente diferentes que en Europa. Como el valor de la tierra es tan decisivo en la conformación del precio de la vivienda, lo que vemos es una desestimulación concreta a la investigación tecnológica y la racionalización de la construcción.

La abundancia de mano de obra barata nunca fue un estímulo para la industrialización de la construcción, el error frecuentemente cometido fue importar soluciones de otras realidades.

Hoy, el foco no debe estar puesto única y exclusivamente en la reducción de los costos, sino en la combinación de la responsabilidad ambiental y los costos. O sea, es urgente pensar en el proceso completo, desde la extracción de la materia prima y su transformación, hasta su eliminación final.

Por otro lado, es fundamental que estos procesos de construcción sirvan para ampliar la creatividad y no como camisa de fuerza que conduzca a la repetición de las unidades. El Estado puede hacer mucho, obligando a la adopción de normas ambientalmente correctas, estimulando a las universidades a investigar soluciones constructivas y movilizando a la sociedad por la causa ambiental.

6.5

De la tutela del estado al reino de la libertad

Muchos de los desencuentros entre las ofertas de vivienda y los deseos de la población podrían resolverse si los recursos estuvieran directamente en manos de los habitantes. Una opción como esta requiere la existencia de una oferta razonable de vivienda de buena calidad en lugares adecuados, o sea, un buen departamento en un buen lugar. Lo que ocurre es que el funcionamiento de esta ecuación depende de una regulación efectiva del mercado que subsidie terrenos bien ubicados y acople a las ofertas estrictas de vivienda políticas integradas de combate a la pobreza para evitar que el inmueble se pierda rápidamente por falta de condiciones de pago o por codicia.

Un abordaje de este tipo restablecería integralmente la noción de derecho a la ciudad y la noción de ciudadanía ejercida con plenitud, terminando con cualquier forma de paternalismo o tutela. La coyuntura actual muestra la entrada del capital inmobiliario en la producción de vivienda, lo que de hecho es muy bueno por la escala que logra alcanzar, pero sería deseable estimular la entrada de pequeños capitales y formas cooperativas en emprendimientos chicos, de forma tal que la vivienda social sea realmente una producción de ciudad, diversa y distribuida en el espacio.

Y esto presupone, a largo plazo, un desplazamiento de la responsabilidad directa de construir del Estado a los sectores populares, atenuando el rol del Estado como financiador de estas iniciativas. El ejemplo de las cooperativas uruguayas puede servir como referencia e inspiración para estas iniciativas que existen en Brasil de manera incipiente. En Rio de Janeiro, la actuación de la Fundación Bento Rubião recupera esta tradición.

El diálogo sordo entre la oferta del Estado y la demanda de los habitantes, que en muchos momentos ha caracterizado a la oferta de vivienda, podrá superarse en el momento en que los habitantes sean sujetos efectivos de esta demanda de modo que no solo el producto sea importante, sino que el proceso también se vuelva relevante.

Los errores que se cometen en esta oferta de vivienda solo se sienten mucho tiempo después, en una pérdida evidente de calidad urbana. Tras la implosión del Pruitt-Iggoe[17] en los EE. UU., la mayor parte de los recursos del Departamento de Vivienda y Desarrollo Urbano en la década de 1990 fueron destinados a esa finalidad. *"Desde 1993 seus programas HOPE tem gasto mais de 200 milhões de dólares em derrubar 70.000 unidades. A dimensão e tal que muitos críticos falam em estratégias militares de devastação urbana."*[18] (VASQUEZ, 2011, p. 23)

Colocar estas cuestiones en la agenda de debate es un desafío para los arquitectos y es un desafío directo para la formación de nuestros estudiantes.

---

[17]   Pruitt-Iggoe fue un gran proyecto urbanístico desarrollado en Saint Louise, Missouri, entre 1954 y 1955. Demolido entre 1972 y 1974, suscitó un intenso debate sobre las políticas de vivienda social y la crítica al modernismo.

[18]   *"Desde 1993 sus programas HOPE gastaron más de 200 millones de dólares en derrumbar 70.000 unidades. La dimensión es tal que muchos críticos hablan de estrategias militares de devastación urbana."*

7.

Desafios para la enseñanza de Proyecto

6.1. ¿Qué desafíos se plantean para la educación de nuestros estudiantes y para la enseñanza de Proyecto? La urbanidad amenazada

Figura 29: Arquitectos Vigliecca y associados in: *Produzir casas ou construir cidades?*, p. 164. San Pablo, Ed fupam, 2012.

7.1)

¿Qué desafíos se plantean para la educación de nuestros estudiantes y para la enseñanza de Proyecto? La urbanidad amenazada.

"Esta espécie de endeusamento da arquitetura autoral de talento genial limita o horizonte de perspectivas de nossos estudantes e lhes apresenta como única alternativa um mundo de alta competitividade, angustiante."[19] (WHITAKER, en: Vitruvius Arquitextos, 133.07)

Es en las universidades federales donde el trío enseñanza-investigación-extensión se materializa, ya sea en la existencia de programas de maestría y doctorado o en la existencia de un programa de becas de extensión que privilegia la integración entre áreas disciplinares.

Es responsabilidad de la universidad discutir las cuestiones que plantea la ciudad contemporánea, donde los recursos importantes y los movimientos de capital tensionan excesivamente la estructura urbana, ya sea extendiendo la ciudad o hiperdensificando en lugares consolidados de la malla urbana.

Ambos procesos obligan a entender qué dinámicas existen y, en contraposición, cuáles son los lugares donde el desarrollo urbano puede contribuir para volver más justa a la ciudad. Lo concreto es que estos procesos al gusto del mercado, con la connivencia de las autoridades, configuran una situación

---

[19]   *"Esta especie de endiosamiento de la arquitectura autoral de talento genial limita el horizonte de perspectivas de nuestros estudiantes y les presenta como única alternativa un mundo de alta competitividad, angustiante."*

de **urbanidad amenazada.** Estos problemas contemporáneos de la ciudad y de la vivienda deben estructurar el desafío del proyecto.

Teóricamente, la universidad representa la unidad en la diversidad. Y, por lo tanto, por su naturaleza, es el lugar de la reflexión, de la creación y de la formulación de perspectivas para el desarrollo sostenible de las sociedades en todas sus vertientes culturales.

Nuestra hipótesis es que la universidad puede ofrecer una importante contribución colocando esta pauta para su debate, afirmando que es posible producir vivienda de calidad dentro de los principios de *Minha Casa Minha Vida*.

Actualmente, la enseñanza de Proyecto en la Facultad de Arquitectura y Urbanismo de la UFRJ (FAU-UFRJ) está estructurada a partir de **problemas**, y no de **temas,** como se hacía tradicionalmente. Este puede ser el primer paso para incorporar la dimensión urbana.

Los Ateliers Integrados superan la fragmentación departamental, que de hecho constituye un obstáculo para la integración efectiva del curso. Estas iniciativas señalan una práctica de enseñanza integrada, donde las diversas áreas disciplinares confluyen en la definición del objeto arquitectónico.

Cuando la opción por **problemas** se realiza en trabajos integrados que incluyen las materias de urbanismo, historia del arte, sistemas constructivos, estructuras, paisajismo y proyecto de arquitectura, tienen la particularidad de obligar a una aproximación que va desde la dimensión urbana hasta la de la materialidad constructiva y tectónica.

Esta amplitud pone a los estudiantes de arquitectura frente a los desafíos de la ciudad contemporánea, específicamente en la inserción de la vivienda social en diferentes contextos:

1) Construcción de edificaciones en áreas centrales, en tejidos consolidados de la ciudad, explorando la tensión entre la preservación patrimonial y la renovación urbana.
2) Áreas de viviendas precarias en un entorno degradado (favelas y loteos).
3) Vacíos urbanos provocados por las modificaciones del uso del suelo en la ciudad.
4) Regiones metropolitanas y expansiones periféricas.

Figura 30: Arquitectos Lucas Fehr, Mario Figueroa y Daniel Bonilla. In: Sustentabilidade e inovação em Habitação Popular, SP, 2010, p. 108.

Figura 31: Arquitectos Lucas Fehr, Mario Figueroa y Daniel Bonilla. In: *Sustentabilidade e inovação em Habitação Popular*, SP, 2010, p. 108.

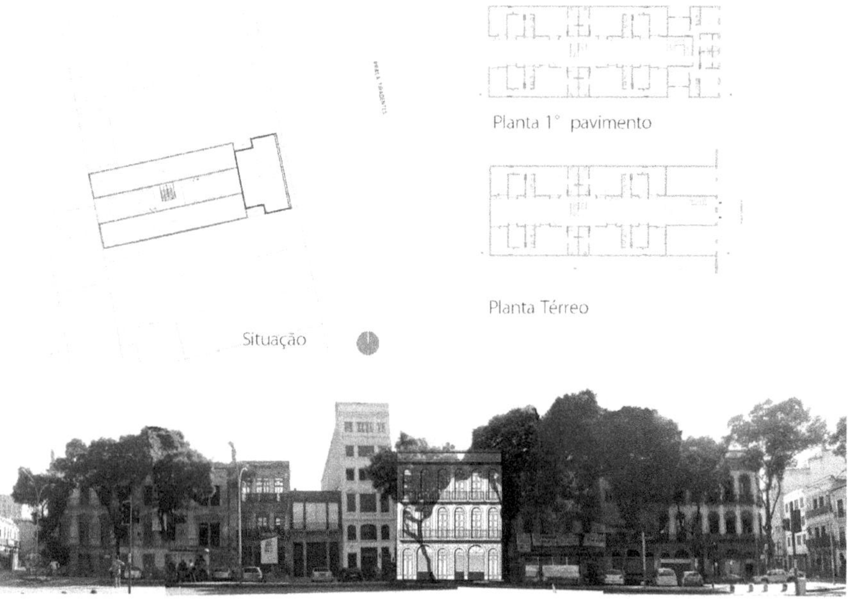

Figura 31 e 32: Proyecto Rehab. Secretaria de Habitação de Rio de Janeiro. Arquitecto Mauro Santos (coord.). Lab-Hab Fau-UFRJ, 2012, pág. 100.

En el Atelier Integrado I de la FAU-UFRJ en el cuarto semestre se piensa la vivienda en una escala de una manzana, tratando de plantear un programa mixto con oferta de comercio y áreas de recreación urbanas. El proyecto va hasta la definición de la materialidad de la edificación.

En Atelier Integrado II, se toma como objeto de trabajo las áreas urbanas degradadas o en proceso de transformación. Aquí la importancia de la vivienda se siente en su capacidad de estructuración del tejido urbano.

En las materias integradas de extensión, se destacan dos experiencias. La materia Vivienda social une el estudio de conjuntos habitacionales con la experiencia concreta de proyecto del REHAB, mostrando la viabilidad de la vivienda en el área central, dentro del programa *Minha Casa Minha Vida*.

Por otro lado, también es deseable utilizar la política habitacional como factor de revitalización urbana. El reciente concurso *Morar Carioca* (Vivir Carioca), promovido por el Instituto de Arquitectos de Brasil, Departamento Rio de Janeiro (IAB-RJ), a pesar de parecerse al *Favela-Bairro*, tiene enormes diferencias en la medida en que adopta un recorte mayor del territorio, identificando en el entorno de favelas y loteos populares las oportunidades de construcción de viviendas.

Esta oferta de vivienda en las proximidades de las favelas puede reducir significativamente la presión por la verticalización interna y favorecer la desdensificación de estos lugares, otorgando mayor calidad de vida.

Aliada a esta iniciativa, la pacificación de favelas, asociada a actividades educativas, culturales y sociales ofrecidas por grupos populares oriundos de las favelas, junto con numerosas fuentes de financiamiento para el desarrollo social existentes, permiten pensar en *Morar Carioca* como una efectiva transformación del territorio que incluye a la vivienda.

Otros dos concursos en São Paulo también merecen destacarse. Por un lado, el concurso *Habita Sampa* aporta una contribución muy interesante en tipologías y modelos de vivienda. El caso del proyecto ganador del estudio América es interesante porque retoma la idea de flexibilidad de la planta de la unidad, asociada a una correcta configuración de espacios entre edificaciones. En una línea similar al *Morar Carioca*, el recién lanzado concurso *Renova SP* (Renueva SP) también propone la integración de favelas y loteos en la ciudad.

Por su parte, la materia Proyectos de Urbanización Alternativa debate políticas y proyectos de urbanización de favelas y viene ofreciendo apoyo a la urbanización del conjunto residencial de la UFRJ. Ambas contribuyeron para traer los problemas urbanos y, específicamente de la vivienda, a las aulas universitarias.

Figura 33: Concurso Morar Carioca – Campo AUD. Arquitectos Gabriel Duarte, Ricardo Kawamoto, Renata Bertol, 2010.

¿Qué temas plantean estos trabajos del Atelier Integrado y estas materias de extensión?

a) La necesidad de pensar la relación arquitectura-ciudad, ya sea en la ubicación de los objetos, en el estudio del entorno urbano o en la forma de estructuración espacial.

b) La necesidad de pensar en la calidad espacial y la continuidad de la ciudad materializada tanto en la combinación de usos como en la apropiación de espacios, con multiplicidad de actividades estructuradas en ejes y plazas con trayectos de cualidad.

c) Pensar en las transiciones espaciales desde el espacio individual hasta el espacio público.

d) Pensar la estrategia formal correcta desde la mimetización, en caso de que sea necesaria, hasta la diferenciación, cuando sea posible leer a la ciudad donde la vivienda se inserta.

e) Pensar en la calidad de las unidades habitacionales, reparar en el papel que ocupan en la reproducción familiar, la flexibilidad de la planta y en las cuestiones de confort ambiental.

f) Pensar en los procesos constructivos buscando la sostenibilidad integral en todos los momentos de la construcción.

Estos son algunas de las cuestiones y desafíos que hemos planteado y ahora ofrecemos una receta para resolverlos:

RECETA FINAL

"Guarde el ímpetu libertario de los modernos, aprenda a oír y a entender la diferencia como el TEAM X y Carlos Nelson, no se olvide de agregar la lectura sofisticada de la historia como James Stirling y Aldo Rossi. Entienda la ciudad contemporánea como Rem Kolhas, pero no la acepte, decídase a cambiarla, busque su Sancho Panza, monte en los miles de Rocinantes que esperan ahí afuera y sepa que la lucha vale la pena... seguro que los arquitectos no salvaremos a la humanidad, pero la humanidad puede ser mucho peor sin nuestra presencia y consciencia..."

BIBLIOGRAFÍA

ABRAMO, Pedro. A Cidade COM-FUSA – A mão inoxidável do mercado e a produção da estrutura urbana nas grandes metrópoles latino-americanas. En *Estudos Urbanos e regionais*, Vol 9, N° 2, noviembre de 2007.

BASTOS, Maria Alice Junqueira, ZEIN, Ruth Verde. *Brasil, Arquiteturas após 1950*. São Paulo: Ed. Perspectiva, 2010.

BARONE, Ana Claudia Castilho. *Team 10 – Arquitetura como crítica*. São Paulo: Anna Blume / FAPESP, 2002.

BONDUKI, Nabil. *Affonso Eduardo Reidy*. São Paulo: Instituto Lina Bo Bardi Editora Blau, 1999.

BONDUKI, Nabil. *Origens da habitação social no Brasil- Arquitetura Moderna, Lei do Inquilinato e Difusão da casa própria*. São Paulo: Estação Liberdade FAPESP,1998.

BONDUKI, Nabil. *Habitar São Paulo-Reflexões sobre a gestão urbana*. São Paulo: Estação Liberdade, 2000.

BRUNA, Paulo. *Os Primeiros Modernos- habitação social no Brasil 1930-1950*. São Paulo: Edusp, 2010.

Canadian Center of Arts, Debate, Peter Eisenman – Rem Kollhaas, 8 de julio de 2007.

CAVALCANTI, Sandra. Depoimento, in FREIRE, Américo, OLIVEIRA, Lucia Lippi. *Capítulos da memória do urbanismo carioca*. Rio de Janeiro: Ed. Folha Seca, 2002.

GARCÍA HUIDOBRO, Fernando, TORRES TORRITI, Diego y TUGAS, Nicolás. ¡ *El tiempo construye! El Proyecto Experimental de Vivienda (Previ) de Lima: génesis y desenlace*. Barcelona, Gustavo Gili, 2008.

KOPP, Anatole. *Quando o moderno não era um estilo e sim uma causa*. São Paulo: Nobel/Edusp, 1990.

KOOLHAAS, Rem. *La ciudad genérica*. Barcelona: Ed. Gustavo Gili, 2006.

KOOLHAAS, Rem. *Conversaciones con estudiantes*. Barcelona: Ed. Gustavo Gili, 2002.

LAMAS, Jose Maria Resano. *Morfologia urbana e desenho da cidade*. Lisboa: Ed. Fundação Calouste Gubelkian, 2007.

MONEO, Rafael. *Inquietud teórica y estrategia proyectual en la obra de ocho arquitectos contemporáneos*. Barcelona: Actar, 2004.

MONTANER, Josep Maria. *Después del Movimiento moderno. Arquitectura de la segunda mitad del siglo XX*. Barcelona: Ed. Gustavo Gili, 2001.

MONTANER, Josep Maria. *Arquitetura y Crítica*. Barcelona: Ed. Gustavo Gili,1999.

NOBRE, Ana Luiza (org.). *Lucio Costa – encontros*. Rio de Janeiro: Beco do Azougue, 2010.

Revista AU No. 33.

Revista Projeto No. 32, 1980

RAU, Macarena. Prevención situacional en América Latina y el Caribe. In: *¿Cuál es la salida?* Nueva York: Ed. BID, 2007.

ROSSI, Aldo. *A arquitectura da cidade*. Lisboa: Ed. Cosmos, 1977.

ROWE, Colin. KOETTER, Fred. *Collage City*. Cambridge, Massachusetts: The MIT press, 1983.

SECRETARIA DE ESTADO DE HABITAÇÃO SP. *Sustentatibilidade e inovação na Habitação popular: O desafio de propor modelos eficientes de moradia*. Governo de São Paulo, São Paulo, 2010.

SEGRE, Roberto, *Las estructuras ambientales em América Latina*. México, Siglo XXI, 1981.

SEGRE, Roberto. *America Latina fim de milênio: Raízes e perspectivas de sua arquitectura*. São Paulo: Ed. Studio Nobel, 1991

SERRAN, João Ricardo. *O IAB e a política habitacional*. São Paulo: Schema editora, 1976.

SOLA MORALES, Manuel de. In: *O Centro da Metrópole: reflexões e propostas para a cidade democrática do século XXI*. São Paulo: Ed. Terceiro Nome: viva o Centro, Imprensa Oficial do Estado, 2001.

TEAM 10, *In search of a utopia of the present*, 1953-81. Edited by Max Risselada and Dirk van den Heuvel. Nai publishers, Rotterdam.

VASQUEZ, Carlos Garcia. *Antípolis. El desvanecimiento de lo urbano en el cinturón del sol*: Barcelona, Ed. Gustavo Gili, 2011.

WENDERS, Wim. A Paisagem urbana. In: *Revista do Patrimônio* nº 23, 1994.

WENDERS, Wim. *Lugares estranhos e quietos*. São Paulo: Imprensa Oficial do Estado, 2010.

WHITAKER FERREIRA, João Sette. Perspectivas e desafios para o jovem arquiteto no Brasil. Qual o papel da profissão? En: *Vitruvius Arquitextos*, 133.07, 12 de julio de 2011. Disponible en: http://www.vitruvius.com.br/revistas/read/arquitextos/12.133/3950